사람이 있었네

김경수의 새로운 도전

김경수 지음

사람이 있었네

개정
증보판

비타베아타

진실은 아무리 멀리 던져도
반드시 제자리로 돌아옵니다!

안타깝지만 법정을 통해 진실을 밝히려 했던 노력은 더 이상 진행할 방법이 없어졌습니다. 긴 여정이었습니다.

대법원의 판결 결과에 따라 제가 감내해야 할 몫은 온전히 감당하겠습니다. 하지만 법정을 통한 진실 찾기를 부득이하게 여기서 멈춘다 해도, 있는 그대로의 진실이 바뀔 수는 없습니다.

저의 결백과 진실을 밝히는 법적 절차는 여기서 막혔지만 무엇이 진실인지 그 최종 판단은 이제 국민들의 몫으로 남겨 드려야 할 것 같습니다.

대법원에 마지막으로 제출한 저의 최후 진술문을 책의 말미에 공개합니다. 이 진술문이 오늘 내려진 판결을 바꾸지는 못하지만 국민 여러분께서 이 사건의 진실에 다가갈 수 있는 징검다리가 될 것으로 믿습니다. 제가 살아온 삶의 가치와 신념을 지키기 위한 마지막 호소입니다.

저를 믿고 기다려주신 많은 분께, 특히 지난 3년 도정을 적극 도와주신 경남도민께 좋은 결과로 응답하지 못해 진심으로 송구하고 안타깝다는 말씀을 드립니다.

하지만 진실은 아무리 멀리 던져도 반드시 제자리로 다시 돌아온다는 믿음을 끝까지 놓지 않겠습니다.

고맙습니다.

2021년 7월 21일
김경수

내가 본 김경수 _전 청와대 대변인 윤태영

따뜻한, 그 이상으로 치열한

아주 오래전 국회의원 회관에서 한 사람을 소개받았다. 첫인상이 오래도록 남았다. 한눈에 겸손하고 반듯한 사람임을 알 수 있었다. 그렇게 얼굴에 쓰여 있었다. 그런 사람을 비서로 채용한 국회의원의 안목이 돋보였다. 정치권에서 흔히 접하는 인간형과는 거리가 있었다. 우선 그다지 공격적이지 않았다. 양보심이 많아 보였고, 사물과 세상을 합리적인 눈으로 보고 있었다. 기존의 정치권에는 어울리지 않는 사람인 듯싶었다. 그래서 더욱 느낌이 새로웠다. 그 느낌은 15년을 넘어 계속되었다. 그는 바로 김경수였다.

외유내강의 청년

의원회관 안팎에서 그에 대한 입소문을 많이 들을 수 있었다. 칭찬 일색이었다. 예상과 크게 다르지 않았다. 나이 차이가 제법 있었지만, 나의 선배나 동년배 보좌관들에게서도 그는 상당한 신임을 얻고 있었다. 목소리는 부드러웠고, 어조는 차분했다. 자신이 하는 일에 대해서는 남다른 치열함을 드러냈다. 해야 할 일과 해서는 안 될 일을 엄밀하게 구분해냈다. 외유내강의 청년이었다. 같은 공간에서 함께 일할 기회가 있었으면 좋겠다는 기대가 생겨났다. 2002년, 정치인 노무현이 민주당의 대통령 후보로 확정되면서 그 공간이 열렸다. 당의 대선기획단에서 매일 얼굴을 마주할 수 있었다. 다만 사무실은 공간적으로 떨어져 있었다. 가끔 업무를 협조하는 정도의 관계였다. 다시 몇 년이 지난 후에야 그와 함께 같은 사무실에서 본격적으로 일할 수 있었다. 청와대 본관 부속실이었다.

노무현 대통령이 취임하고 다시 1년 반이 지난 2004년 7월이었다. 대변인 직에서 물러난 나는 대통령을 지근거리에서 모시는 제1부속실장의 업무를 시작했다. 그는 이미 부속실에서 근무하고 있었다. 때로는 본관의 사무실에서, 때로는 관저 부속실에서 그와 어깨를 부딪치며 일을 했다. 함께 웃는 시간도 있었고, 함께 긴장한 시간도 있었다. 그는 1부속실에서 큰 역할을 맡고 있었다. 핵심적인 역할이었다. 대통령의 지시사항을 청와대 내 해당 부서에 전달하는 일이었다. 각 부서의 보고서를 취합·정리하여 대통령에게 올리는 일도 그의 몫이었다. 그 일 못지않게 중요한 일이 또 하나 있었다. 대통령의 최대 관심사인 업무관리 시스템을 만드는 작업에 참여하는 것이었다. 담당 업무로 따지면 가장 골치 아프고 힘든 역할이었다. 머리도 필요하고 체력도 필요한 자리였다. 하나 더, 극도의 인내심이 요구되는 자리였다. 하지만 그는 대통령의 임기가 끝날 때까지 불평 한 마디, 싫은 기색 한 번 없이 그 일들을 모두 감당해냈다.

수석·보좌관실에서 보고서를 올리면 김경수는 그 형식과 내용을 검토했다. 대통령이 원하는 형식에 맞게 작성되었는지, 불필요한 내용은 없는지, 대통령에게 지적받을 잘못은 혹시 없는지 꼼꼼하게 살펴보았다. 간단한 일은 아니었다.

첫째, 정책 전반에 대해 이해가 깊어야 했다. 그는 충분히 가능했다. 경제정책은 물론 외교·안보정책, 나아가 홍보 관련 사안에 이르기까지 이해의 폭이 넓었다. 특히 그는 외교·안보 관련 사안에 많은 관심을 기울였다. 그는 부속실의 옵서버 자격으로 관련한 청와대 내 회의에도 꼬박꼬박 참석해야 했다. 대통령이 놓칠 수도 있는 작은 흐름들까지 파악하기 위함이었다.

8

둘째, 대통령에 대한 이해가 깊어야 했다. 그는 확실히 가능했다. 국정운영과 관련한 대통령의 생각과 철학을 꿰뚫고 있었다. 대통령의 캐릭터를 알고 있었고, 대통령이 나아갈 방향을 정확히 예견하고 있었다. 무엇보다 그는 시스템을 중시하는 대통령의 시각에 정통했다. 그가 보고서를 취합하고 관리했던 탓에 잘못된 형식의 보고서들이 상당히 걸러질 수 있었다. 김경수 덕분에 각 수석실은 대통령에게 으레 들었어야 할 꾸지람으로부터 자유로울 수 있었다.

셋째, 일에 대한 치열함과 열정이었다. 시스템 마니아인 대통령을 뒤따라가려면 스스로도 그런 경지가 되어야 했다. 그는 실제로 그렇게 일했다. 그는 대통령이 업무관리 시스템인 '이지원'을 개발하는 전 과정을 옆에서 지켜본 사람 가운데 하나였다. 또 이 시스템을 속속들이 이해하고 있는 몇 안 되는 관계자 가운데 하나였다. 당시 시스템의 개발 작업은 업무 이외의 시간을 주로 활용했다. 작업에 참여하는 비서들은 자신의 휴일을 기꺼이 반납해야 했다. 그는 기꺼이 그렇게 했다.

스페셜 제너럴리스트

그는 모든 분야에 대해 이해가 깊었다. 천성 탓인지 지식을 축적

하고 지혜를 쌓아나가는 일에 엄청난 노력을 기울였다. 각종 보고서나 자료를 검토하는 과정에서 새로운 사안을 마주하면 미루지 않고 깊이 파고들었다. 완벽하게 이해할 때까지 천착했다. 자신이 백 가지를 알아야 대통령에게 열 가지를 확실하게 보고할 수 있다는 생각이 있었다. 그는 대통령 일상의 보좌라는 부속실 고유의 기능을 수행하는 한편에서, 각종 정책 관련 업무에도 수시로 참여했다. 간단한 통계 등 대통령이 일상적으로 필요로 하는 정책 관련 자료들을 챙겼다. 참여정부 5년과 노무현 대통령의 정책을 재조명하는 프로젝트가 있다면 그를 빼놓아서는 안 된다. 그는 그 모든 것을 파악하고 있는 '스페셜 제너럴리스트'다.

그는 절제한다. 그 정도 위치라면 쉽게 빠지는 함정인 과시나 남용, 거들먹거림은 전혀 찾아볼 수 없다. 누구를 만나도 일관되게 친절하다. 상대방이 완벽하게 이해할 때까지 정성을 다해 설명한다. 그런 사람을 가까운 곳에 둘 수 있었던 것은 어쩌면 노 대통령의 행운이다. 직원들을 대할 때만이 아니었다. 그는 기자 등 언론인들을 대할 때에도 한결같은 자세를 유지했다. 말투에서 자신을 낮추었고, 온화한 분위기로 상대를 배려했다. 다만 자신의 주장이나 철학이 충돌하는 지점에서는 쉽게 물러서지 않았다. 그는 원칙과 유연성을 두루 갖춘 참모였다.

퇴임을 앞둔 대통령으로서도 당연히 탐이 날 수밖에 없는 참모였다. 대통령은 주저함 없이 김경수에게 함께 봉하마을로 내려가고 청했다. 그런 부탁을 쉽게 하는 대통령이 아니었다. 초등학교와 중학교에 다니는 아이들이 있어 쉽지 않은 사정임도 잘 알고 있었다. 그럼에도 대통령은 결국 봉하행을 강권했다. 대통령의 그런 기대에 김경수는 희생적인 결단으로 보답했다. 대통령의 권유를 선뜻 받아들여 일가족이 김해로 이주했다. 그는 청와대 참모를 넘어서 퇴임 대통령의 일상을 지킨 마지막 비서관이 되었다.

따뜻함이 있는 미소

2008년 초, 봉하마을의 사저 앞을 찾은 방문객들은 퇴임 대통령의 이야기가 끝나면 예의바른 비서 한 명을 마주할 수 있었다. 김경수였다. 그는 대통령과 함께 찍은 사진을 내려받기 하는 법 등을 방문객들에게 친절하게 설명했다. 사람들은 그의 상냥한 말투에 편안함을 느꼈다. 그의 반듯한 모습에 호감을 가졌다. 그는 대통령과 함께 봉하마을을 자전거로 돌며 열정적으로 일했다. 그해 여름, 기록물 사건으로 봉하의 사저가 곤경에 처했을 때에도 골치 아프고 힘든 일들은 당연히 그의 몫이 되었다.

2009년 5월의 비극적인 아침. 나를 비롯한 주변의 참모들에게 그는 침착한 목소리로 대통령의 유고를 알려주었다. 큰 충격의 현실에서도 그는 상황을 파악하여 사람들의 질문에 성의껏 답변했다. 이어진 문재인 비서실장의 발표문도 준비했다. 그의 침착함이 그날의 사태를 수습하는 데 큰 기여를 했다. 가슴이 찢어지는 고통 속에서도 그는 차분함을 잃지 않았고 허둥지둥하지 않았다. 그는 그렇게 어려울수록 타인을 배려하는 인간형이었다.

내 머릿속에서 굳어져버린 그의 이미지가 하나 있다. 휴대폰에 귀를 댄 채 열심히 이야기하는 모습이다. 그는 사실상 퇴임 대통령의 대변인이었다. 대통령과 관련한 사건들이 생길 때마다 그는 언론의 취재에 적극적으로 응했다. 허투루 넘기거나 무시해버리는 질문들이 하나도 없었다. 자연히 통화하는 시간이 길어졌다. 기자들은 그런 그에게 전화를 더 자주 걸게 되었다. 자연히 업무가 더욱 늘어날 수밖에 없었다. 2012년 문재인 대선 후보의 선거운동 과정에서도 똑같은 모습이 되풀이되었다.

한결같은 정치인

출마를 염두에 두지 않은 채 정치권에 몸을 담고 있는 것은 결코

쉬운 일이 아니다. 참모의 역할에 만족하는 것으로 자신의 한계를 설정해야 하기 때문이다. 그런 사람들이 가끔 있다. 김경수가 그렇다. 그는 틀림없이 훌륭한 참모다. 스스로가 일선에 나서지 않아도 그에게는 할 일이 많다. 그를 찾는 정치인도 많다. 탁월한 균형 감각과 뛰어난 정세판단의 소유자이기 때문이다. 지도자로 나서려는 정치인이라면 반드시 붙잡아야 할 참모임이 분명하다. 그런데 세상은 그를 참모의 자리에 내버려두지 않았다. 대통령의 서거 이후 수많은 우여곡절이 결국은 그를 정치의 일선으로 불러냈다. 그런 정치적 상황이 야속하게 느껴졌다. 그 운명을 끝내 받아들인 김경수의 결단에는 더욱 놀랐다.

그는 지금 현실 정치인의 길을 걷고 있다. 나는 그가 반드시 성공하기를 바라는 마음이다. 이유는 두말할 필요도 없다. 그와 같은 정치인의 성공은 그 자체로 불신의 정치를 청산하는 상징이 된다는 생각 때문이다. 제2, 제3의 김경수가 많아지는 것이 자연스러운 정치개혁의 과정이라고 나는 본다. 한 가지 더 있다. 겸손하고 반듯한 언어로 대화와 타협을 하는 상생의 정치를 제대로 보여줄 것이기 때문이다.

/차례/

1부_____ '인간 김경수'를 말한다

1장 '경남의 아들'로 태어나다

2장 노무현 대통령과 함께한 나날들

3장 정치 입문, 그리고 시련과 도전

2부 _____ 김경수가 '소통하는 세상'

1장 미안하고 고맙습니다 – 팬카페에 올린 글모음

2장 거짓이 진실을 이길 수는 없습니다 – 페이스북에 올린 글모음

3장 그 길이 내 앞에 운명처럼 파여 있는 길이라면

아이들에게 물려줄 더 나은 세상을 향해

1

요즘 들어 '정치를 왜 하느냐'는 질문을 부쩍 많이 받습니다. 국회에 들어와 청와대를 오가며 소위 정치권에서 일하기 시작한 지는 20년이 넘었습니다. 하지만 스스로 국민의 선택을 받기 위해 선거에 나가는 '정치인의 길'로 접어든 것은 2년 전이었습니다. 대통령의 고향 김해를 지켜야 한다는 의무감으로 시작한 정치였습니다. 그러나 의무감만으로 정치를 계속할 수는 없었습니다. 스스로 정치를 해야 하는 이유와 목표가 분명하지 않고는 계속 갈 수 없는 것이 '정치인'의 길입니다. 정치를 왜 하는지 그래서 물어보는 것이겠지요. 힘들어도 절대 포기하지 말아달라는 당부를 그런 질문으로 대신하고 있음을 느낄 수 있습니다.

대학에서 학생운동을 할 때는 '민주주의'가 최고의 목표였습니다. 김대중, 노무현 두 분 대통령이 계셨던 민주정부 10년 동안 대한민국의 민주주의는 역사적인 진전을 이루었습니다. 국민은 민주주의를 공기처럼 여기며 살았습니다. 민주주의의 문제는 이제 충분히 해결되었다고 생각했고, 어떤 정권이 들어서더라도 민주주의만큼은 후퇴시키지 않을 거라는 막연한 믿음을 가졌던 것도 사실입니다. 그러나 이명박 정부의 역주행과 박근혜 정부의 퇴행을 연이어 경험하면서, 국민은 '민주주의란 저절로 주어지는 열매'가 아님을 이제 와서 새삼 다시 깨달아가고 있는 것 같습니다.

제게도 '민주주의'는 정치를 해야 하는 첫 번째 이유이자, 제 인생을 걸고 풀어가야 하는 숙제입니다. 우리 아이들에게 또다시 우리가 겪은 고통을 대물림할 수는 없기 때문입니다. 국가기관이 불법으로 선거에 개입하고, 청와대와 정부가 나서서 수사를 방해하는 나라는 민주국가가 될 수 없습니다. 가짜 문서를 증거라면서 정치적 목적으로 간첩 사건을 만들어내는 나라, 이명박 정부 당시 총리실의 민간인 사찰에 관여한 범법자들은 감방에서 나온 뒤에 호의호식하며 사는데 그 피해자는 지금도 외로운 법정 싸움을 하며 어렵게 살고 있는 나라, '안녕하지 못하다'는 대자보를 써서 붙인 것뿐인데 주변에서 "괜찮겠나?"고 걱정하는 사람들이 있는 나라, 이런 대한민국의 모습은 민주국가와는 거리가 멀어도 한참 멀리 와 있습니다.

단지 대통령이 바뀌었을 뿐인데 나라가 이렇게 달라져 버렸습니다. 우리 아이들에게 이런 나라를 물려줄 수는 없지 않겠습니까? 정권이 교체되고 대통령이 누가 되더라도 '민주주의'와 '인권'이라는 헌법적 가치가 뒤로 후퇴하는 일은 생기지 않도록 만드는 것, 그것이 제가 정치를 하는 첫 번째 이유입니다.

헌법을 개정해 대통령에게 집중된 권력을 분산시키고, 권력기관들의 독립성을 높이는 동시에 서로 견제하며 균형을 이루는 국가 시스템을 만들어야 할 것입니다. 국가기관의 불법이 다시 재발하지 않도록 하기 위한 엄격한 처벌과 제도적 보완도 필요합니다. 그러나 제도는 어디까지나 제도일 뿐, 누가 어떻게 운영하는가가 훨씬 중요합니다. 그나마 다행스러운 것은 민주정부 10년 동안 민주주의가 얼마나 소중한 것인지를 직접 경험한 국민이 있다는 것입니다. 국민의 DNA 속에 민주주의의 중요성이 각인되어 있기 때문에 지금의 '역사적 퇴행'을 바로잡는 것은 시간문제일 것입니다.

2

민주주의라는 기초 위에 우리가 세워야 할 나라는 '함께 잘사는 대한민국'입니다. 제2차 세계대전 이후 독립한 나라 중에서 경제적 풍요와 민주주의, 두 마리 토끼를 모두 잡으면서 성공한 나라는 대한민국이 유일합니다. 참여정부 당시 대통령을 모시고 해외 순방을 가보면 대한민국은 특히 제3세계 국가들에게 부러움과 선망의 대상이었습니다. 그뿐만 아니라 세계 어느 나라를 가도 삼성과 LG, 현대 같은 우리나라 대기업들의 제품과 광고를 쉽게 찾을 수 있습니다. 대한민국은 이제 그런 나라가 되었습니다.

1인당 국민소득도 2만 5,000달러 시대에 접어들었습니다. 대한민국 전체 경제는 계속 커져가고 있는 것입니다. 그러나 많은 세계인이 부러워하고 국가 경제도 날이 갈수록 커지는 나라, 대한민국에서 살아가는 국민은 그리 행복해 보이지 않습니다. OECD 국가들 중에서 국민이 느끼는 행복지수를 보면 34개국 가운데 꼴찌 수준인 33위입니다. 자살률은 높고, 출산율은 낮은데다 국민이 느끼는 주관적 행복도가 형편없이 낮기 때문이라고 합니다. '국가의 소득 수준은 높아지는데 정작 국민은 불행하다고 느끼는 나라', 이것이 오늘을 살기기는 대한민국 국민의 슬픈 현실입니다.

왜 이런 일이 발생하는 걸까요? 1인당 국민소득이 2만 5,000 달러라면, 4인 가족 기준으로 연소득이 1억 원이 넘는다는 얘기입니다. 그러나 우리나라에서 연소득 1억 원이 넘는 가구가 얼마나 될까요? 국민총소득 중에서 가계가 차지하는 몫은 62퍼센트(2012년 기준)라고 합니다. 2001년의 67.5퍼센트에 비해 더 줄었습니다. 주요 선진국들에 비해 10퍼센트 이상 낮은 수치입니다. 국가의 소득이 늘어나도 국민에게 돌아오는 몫은 상대적으로 더 적어지고 있는 셈입니다.

그렇다면 기업들은 모두 좋아지고 있는 걸까요? 2012년 우리나라 전체 기업들이 사업을 해서 남긴 순이익은 123조 원입니다. 그중에서 삼성과 현대 두 그룹이 43조 원으로 35퍼센트를 차지합니다. 2008년에는 삼성과 현대가 차지하는 비중이 9.6퍼센트였습니다. 네 배 가까이 늘어난 것입니다. 두 그룹을 제외한 다른 기업들은 같은 기간에 순이익이 107조 원에서 80조 원으로 오히려 25퍼센트 줄어들었습니다.

경제의 양극화가 갈수록 심각해지고 있습니다. 국민 개개인의 소득이 차지하는 비율이 줄고 있으니 당연히 체감 경기가 좋을 수가 없습니다. 기업들 중에서도 삼성과 현대 두 그룹에 대한 쏠림 현상이 갈수록 심화되고 있습니다. 양극화와 불평등이 확대될수록 국민들이 느끼는 행복지수는 낮아지고 있습니다. 그동안 경제계는 '파이를 키워야 나눠먹을 것이 많아진다'며 언제나 성장 우선론을 펴왔습니다. 그러나 파이는 키웠지만 양극화가 극심한 미국 국민의 행복지수는 OECD 34개국 중 30위에 불과합니다. 파이가 커진다고 국민이 함께 행복해지는 것은 아니라는 얘기입니다.

이제는 생각을 바꾸어야 합니다. '함께 잘사는 대한민국'으로 가야 합니다. 파이도 키우면서, 국민도 행복하게 만드는 새로운 성장전략이 필요합니다. 국민의 호주머니를 어떻게 불려줄 것인지를 국가 정책의 최우선 순위로 놓고 가야 합니다. 우리가 부러워하는 유럽 선진국들의 역사는, 경제적 불평등을 줄이면서 국가 경제를 키워야 성공한 나라가 될 수 있다는 것을 증명하고 있습니다.

'함께 잘사는 대한민국'에서 우리 아이들이 살아갈 수 있도록 하는 것이 기성세대의 책임입니다. 설사 우리 세대에서 그런 세상을 이루지 못한다 해도, 이대로 가면 언젠가는 닿을 수 있도록 '대한민국호'가 가는 방향만큼은 바로잡아 놓아야 합니다. 국가가 가야 할 큰 방향에 대해 국민의 합의를 모아내는 일, 정치가 책임져야 할 몫입니다.

3

'상식이 통하는 세상'을 만들고 싶습니다. 세상에는 상식대로 되지 않는 일이 너무 많습니다. 2013년 5월 진주의료원이 문을 닫았습니다. '적자 누적과 기득권만 유지하는 노조원들'이 폐업의 명분으로 내세운 이유였습니다. 제 상식으로는 폐업 이유가 납득이 잘되지 않습니다. 적자가 폐업 이유라면 문 닫아야 되는 공기업이 하나둘이겠습니까? 그러면 정부도 재정이 적자가 나면 문을 닫아야 합니까? 예산이 들어가야 할 만큼 공익적인 일인지 아닌지를 놓고 판단하는 것이 상식일 것입니다.

노조를 폐업의 이유로 내세운 것도 이해가 되지 않기는 마찬가지입니다. '귀족 노조'라는 경남도의 주장이 사실과 부합하지 않는 것이 많다는 것은 차치하고, 백보 양보해 설사 노조에 문제가 있다고 쳐도 그것이 폐업의 이유가 될 수는 없습니다. 노조와 함께 머리를 맞대고 적자를 줄이기 위한 경영혁신 방안을 만드는 것이 상식입니다. 노조 입장에서도 폐업이 되면 당장 일자리를 잃게 될 테니 고통을 분담해서라도 경영을 정상화하는 방안을 찾게 되는 것이 상식입니다.

상식이 통하지 않는 행정의 결과는 결국 고스란히 서민의 피해로 돌아갈 수밖에 없습니다. 지금이라도 사용자인 경남도와 노조, 관련 전문가들이 모여서 진주의료원의 재개원을 위한 '경영혁신 방안'을 마련하는 것이 우선입니다. 사회적 타협을 통해 도민이 받아들일 수 있는 방안이 마련되면, 진주의료원의 재개원을 누가 반대하겠습니까? 시간이 걸리고 과정이 힘들더라도 도민이 이해하고 받아들일 수 있도록 해나가는 것, 그것이 상식입니다.

'질러가면 백 리, 둘러가면 삼십 리'라는 말이 있습니다. 급히 먹는 밥이 체하기 쉽습니다. 사람들마다 의견이 다르기 마련입니다. 그런 사람들을 한 자리에 모으고, 서로 다른 생각을 조금씩 양보하면서 하나의 결론으로 만들어내는 일은 어렵고 힘들 수밖에 없습니다. 그러나 그 일이 힘들다고 생략한 채 마구 질러가면, 당장은 해결되는 것처럼 보여도 언젠가는 처음부터 다시 시작해야 되는 경우가 대부분입니다. 정치나 행정이나 세상 살아가는 이치와 크게 다르지 않습니다.

'상식이 통하는 행정'은 도민과 눈높이를 맞출 때 가능합니다. 경남도에도 2010년부터 '민주도정협의회'를 통해 도민의 눈높이에서 도정을 논의하고 풀어나갔던 소중한 경험이 있습니다. 그 성과를 계승하고 발전시켜 나가야 합니다. 보수와 진보의 차이는 '정책의 우선순위'를 어떻게 보고 예산을 어디에 먼저 배치하느냐의 차이에 그쳐야 합니다. 대통령이 바뀌고 도지사가 바뀌었다고 전 정부에서 했던 일들을 손바닥 뒤집듯이 뒤집어버리는 사회는 '상식이 통하는 세상'이 아닙니다. 그래서는 예측 가능한 사회를 만들 수가 없습니다.

'상식이 통하는 세상'이 정치가 만들어야 할 미래입니다. 정권이 바뀌었다고 '상식'과 '원칙'까지 바뀌어서는 안 될 것입니다. 그래야 10년, 20년 뒤를 내다보며 살아가는 우리 아이들에게 미래에 대한 불안을 줄여줄 수 있습니다. 정치가 상식을 벗어나면 국가도, 사회도, 미래도 모두 불안정해질 수밖에 없습니다.

4

20년 전 제가 처음 국회에 발을 들여놓았을 때 정치는 제게 '약자의 눈물을 닦아주는 일'이었습니다. 최소한의 인간적 권리를 주장하다 해고당한 노동자들, 공장에서 마구 버린 폐수로 고통받는 주민들…. 이곳저곳 찾아다니다 마지막에 국회를 찾아와 눈물로 하소연하던 그분들을 잊을 수 없습니다. 지금도 정치의 본질은 그런 분들의 눈물을 닦아주는 것이라는 생각에 변함이 없습니다.

'민주주의의 발전'도 무소불위의 권력에 맞서 정치적 약자인 시민들의 권익을 조금씩 확대시켜 온 과정이었습니다. '함께 잘사는 대한민국'을 만드는 길도 경제적으로 약자인 '국민'의 경제적 권리를 국가와 정부가 나서서 보호하고 확대시켜 주어야 가능한 일입니다. '상식이 통하는 세상'도 반칙과 특권을 앞세운 기득권 세력으로부터 가진 것 없이 맨몸뚱이 하나로 살아가는 서민이 불이익을 당하지 않도록 해야 만들 수 있습니다.

처음 정치에 발을 들여놓을 때 가졌던 초심을 잃지 않는 것이 좋은 정치인이 되는 길임을 늘 새기며 살아가려 합니다.

졸고들을 모아 세상에 내놓기에 부끄러운 책을 하나 냅니다. 책에 쓰지 못한 많은 얘기는 앞으로 직접 몸으로, 실천으로 보여드리려 합니다. 감사합니다.

2014년 2월 김경수

1

'인간 김경수'를 말한다

1장

'경남의 아들'로
태어나다

제16대 대통령직인수위원회

노무현

대통령 바로 곁에서 일하는 비서들은 정작 대통령과 함께 찍은 사진이 별로 없는 편이다. 내게도 이 사진이 제대로 자세 잡고 대통령과 단둘이 찍은 사진으로는 거의 유일하다. 2003년 2월, 인수위원회를 마치면서 대통령은 그동안 고생했던 직원들을 격려해주기 위해, '국민이 대통령입니다'라는 참여정부의 정신이 담긴 글을 배경으로 모든 직원과 돌아가면서 사진을 찍어주셨다.

영화 〈변호인〉이
남겨준 숙제
|

봉하마을을 찾는 사람들이 부쩍 늘었습니다. 날씨가 추워지면 자연히 봉하마을을 찾는 사람들의 발길도 뜸했는데, 이번 겨울에는 거꾸로 방문객이 늘어났습니다. 1,000만 명이 넘게 본 영화 〈변호인〉 때문이라고들 합니다. 대통령 묘역의 헌화대에 국화꽃 대신 영화 티켓을 두고 가는 분들도 더러 있습니다. 묘역의 박석(바닥돌)에 새겨진 국민들의 추모글을 찬찬히 살펴보면서 한참을 서성이다 돌아가기도 합니다.

봉하마을을 찾는 사람들이 늘어난 것이 단지 영화 〈변호인〉만의 영향은 아닐 것입니다. "아닌 건 아니고, 잘못된 건 바로 잡아야" 하는 세상사 평범한 이치가 통하지 않는 '우리의 현실'이, 봉하마을을 찾게 만드는 더 큰 이유가 아닐까 싶습니다. 봉하마을에서 작은 위로라도 찾고 싶은 마음, 힘들어도 다시 시작해야겠다는 다짐들, 그런 마음과 다짐들이 사람들의 발걸음에 묻어 있습니다.

'산다는 것은 수많은 처음을 만들어가는 끊임없는 시작'이라고 했습니다. 영화 〈변호인〉에서 주인공은 "우리 아이들에게는 이런 세상을 물려주지 않기 위해" 새로운 삶을 시작합니다. 그 마음이 곧 지금 우리의 마음입니다. 우리 아이들에게 물려줄 더 나은 세상을 향해 '끊임없는 시작'을 만들어가는 것, 영화 〈변호인〉이 우리에게 그리고 제게 남겨준 숙제입니다.

대학 때 학생운동을 할 때도, 청와대에서 노무현 대통령과 함께 밤낮없이 일할 때도, 선거에 출마하면서 정치에 뛰어들 때도 언제나 일관된 목표는 '우리 아이들에게 물려줄 더좋은 세상 만들기'였다. 선거운동을 하면서도 아이들을 만나면 늘 즐겁고 힘이 났다. 선거운동 기간 동네 공원에서 아이들과 팔씨름을 하기도 했다.

개천(?)에서 태어난
경남 고성 '촌놈'
|

저는 1967년 경남 고성군 개천면(介川面) 용안리(龍安里)라는 작은 시골 마을에서 태어났습니다. 한마디로 '촌놈'인 셈입니다. 면사무소에서 근무하셨던 아버지와 어려운 가정형편에 도움이 되는 일이라면 시장의 좌판 장사도 마다치 않았던 억척스러운 어머니 사이에서 4남 1녀의 장남으로 태어났습니다. 아버지도 장남이라 집안의 '장손(長孫)'이라는 이유로 할머니의 사랑을 독차지하며 자랐습니다.

어릴 때 고성읍으로 이사해 고성초등학교 5학년까지 다니다, 6학년이 되자마자 인근의 교육도시인 진주로 전학을 갔습니다. 가족들은 고성에 둔 채 저만 혼자 친척 집으로 유학을 간 셈입니다. 진주에 있는 친척 집에서 학교를 다니며 천전초등학교와 남(南)중

필자의 첫돌 기념사진. 경남 고성군 개천면에서 면사무소 서기로 일하셨던 아버지와 시장에서 좌판 장사도 마다치 않으셨던 억척스러운 어머니 사이에서 4남 1녀의 맏이로 태어났다.

학교를 졸업했습니다. 동명고등학교에 진학한 뒤 가족들이 모두 진주로 이사를 왔습니다. 지금도 부모님은 진주시 외곽의 정촌면이란 곳에서 살고 계십니다.

진주는 문화의 고장답게 매년 가을에 열리는 개천예술제가 유명합니다. 세계적인 유명세를 타고 있는 '남강 유등축제'도 개천예술제의 한 행사로 시작되었습니다. 당시에는 예술제 개막식의 가장행렬을 학생들이 도맡아 했습니다. 진주성 대첩을 재현하느라 어떤 해는 관군이 되기도 하고, 어떤 해는 내키지 않아도 일본군 역할을 맡아야 될 때도 있었습니다. 가장행렬에 참여하는 것 자체가 살아 있는 역사교육이었습니다.

고등학교를 졸업하고 첫 대학 입시에서 고배를 마셨습니다. 서울에서 재수 생활을 하고 이듬해인 1986년 봄, 서울대 인류학과에 입학했습니다. 갓 스무 살의 청년에게 대학 캠퍼스는 낭만의 상징이자 인생의 미래를 설계해 나갈 꿈의 무대처럼 여겨졌습니다.

신입생의 부푼 꿈은 입학 첫날부터 여지없이 무너져 내렸습니다. 입학식을 한 날부터 캠퍼스는 선배들의 시위와 짱돌, 이를 막는 전경들의 최루탄으로 뒤덮였습니다. 신입생인 저에게 대학은 인생의 미래를 열어주는 문이 아니라, 우리 사회의 냉정한 현실을 직시하게 해주는 창이었습니다. 곧바로 고통스러운 번민의 세월이 시작되었습니다. 가난한 집안의 장손, 오 남매의 맏이로 집안을 책임져야 한다는 부담감이 저를 방황하게 만들었습니다. 부조리한 세상을 바꾸는 일에 동참해야 한다는 당위와 집안 형편이라는 현실 사이에서 오랫동안 헤매야 했습니다.

그러나 대학에 입학한 1986년과 이듬해에 연이어 터진 사건들은 집안 형편을 내세운 제 고민조차 사치스럽게 만들었습니다. 1986년 4월 김세진·이재호 열사의 분신에 이어, 5월에는 아크로폴리스 광장에서 이동수 열사의 분신을 직접 지켜봐야 했습니다. 세상 물정 모르던 신입생에게 눈앞에서 목격한 선배의 분신은 인생을 송두리째 흔들어놓는 사건이었습니다. 1987년 1월에는 박종철 열사가 남영동 대공분실에서 물고문으로 사망하는 일까지 생겼습니다.

더는 침묵할 수 없었습니다. 태어날 우리 아이들에게 이런 세상을 물려줄 수는 없었습니다. 오랜 방황을 끝내고 세상을 바꾸는 일에 몸을 던졌습니다.

짧은 '공장 활동'과
산재 피해자들

박종철 선배의 죽음으로 시작된 민주화 열기는 전국을 강타했습니다. 국민의 대통령 직선제 개헌 요구를 거부한 전두환의 4·13 호헌 조치는 타오르는 횃불에 기름을 붓는 꼴이었습니다. 1987년 6월 10일부터 노태우의 '6·29 선언'이 있기까지 약 20일 동안 계속된 민주화 대장정, 소위 '6월 항쟁'은 결국 국민의 승리로 막을 내렸습니다. 국민이 길거리에서 목이 터져라 외쳤던 '직선제 개헌'을 국민 스스로의 힘으로 쟁취해낸 것입니다.

'6월 항쟁'이 끝난 뒤 맞은 여름방학, 대학 동아리 선배들과 함께 소위 '공장 활동'을 갔습니다. 당시 대학생들은 여름방학이 되면 '농활'이라는 농촌봉사 활동을 가는 것이 대부분이었습니다. 우리는 농활도 좋지만 공장에 가서 노동자들의 생활을 직접 경험해보고 싶다는 생각에 공장 활동을 택한 것입니다. 우리가 찾아간 곳은 수원 와우공단, 그중에 제가 택한 곳은 한 자동차 부품회사였습니다. 난생처음 해보는 일인데다 너무 긴장한 탓인지 일을 하기 시작한 지 불과 며칠 만에 사고를 당했습니다. 쇠로 된 부품의 구멍을 다듬는 '보링'이라는 기계에 왼손 검지를 크게 다치고 만 것입니다. 결국 그날로 산업재해를 입은 환자들로 가득 찬 수원 시내 세종병원이란 곳에서 공장 활동이 아닌 '병원 활동'을 하는 신세가 되었습니다.

병원에 와보니 손가락 하나 다친 건 사고라고 할 수도 없었습니다. 심각한 산업재해를 당한 노동자들이 한두 명이 아니었습니다. 프레스에 손목이 잘린 사람, 기계에 옷자락이 빨려 들어가 아예 한쪽 팔이나 다리를 못 쓰게 된 사람, 불빛이나 소음이 심한 공장에서 일하다가 시력을 잃거나 난청이 된 사람 등. 그전에는 미처 모르고 있었던 산업재해 노동자들이 병원을 가득 채우고 있었습니다. 비록 3주라는 짧은 기간이었지만 병원에 있는 동안 노동자들의 참혹한 처지와 열악한 근로여건을 생생하게 목격할 수 있었습니다. 이는 나중에 국회의원 정책비서를 할 때 알게 모르게 큰 도움이 되었습니다.

그러는 사이 어느새 저는 학생운동과 민주화운동에 깊숙이 발을

들여놓게 되었습니다. 당시 학생운동을 한다는 것은 언제든지 구속
될 것을 각오해야 가능한 일이었습니다. 결국 1988년 여름 처음 구
속된 이후 1992년 대학을 졸업할 때까지 무려 세 차례나 교도소를
들락거렸습니다.

세 차례의 구속과
'웬수대'

|

1989년 서울대 총학생회를 구성하면서 학술부장을 맡았습니다. 6월 항쟁 이후 민주화의 바람을 타고 학생들은 공개적으로 학습동아리를 만들어 우리의 역사와 사회 현실, 그리고 국가가 나아가야 할 방향에 대한 공부 모임을 하는 경우가 많아졌습니다. 학술부는 학생들의 이런 활동을 지원하고 활성화시키는 일을 주로 했습니다. 그해 가을 학내에서 '대동제' 행사를 준비하면서 '북한 바로알기 자료집'을 하나 만들었습니다. 당시만 해도 북한과 관련된 자료는 쓸 만한 자료가 거의 없어 직접 만들게 된 것입니다. 그해 겨울 '북한 바로알기 자료집'을 만들었다는 이유로 구속되었습니다. 1988년에 이어 두 번째 구속이었습니다. 구속 사유는 국가보안법상 '이적표현물 제작·반포'였습니다. 북한의 실상을 알리기만 해도 구속되던 '야만의 시대'였습니다.

노태우 정권 말기인 1991년, 경찰에서 서울대 학생운동 조직을 '반국가단체'로 조작, 둔갑시켜 언론에 대대적으로 발표했습니다. 몇 개월 동안 수배생활을 하다 결국 그해 여름 국가보안법 위반 혐의로 다시 구속되었습니다. 국가보안법상 반국가단체 구성원에겐 최소 3~5년 이상의 실형이 선고되던 시절이었습니다. 그런데 놀랍게도 법원은 반국가단체 조직원이라고 잡아간 학생들을 전원 집행유예로 풀어주었습니다. 검찰의 무리한 기소가 낳은 당연한 결과였습니다.

제가 서울대에 입학한 뒤 집안 어른들은 큰 기대를 했던 모양입니다. 그랬는데 1988년 이른바 '시국사범'으로 덜컥 구속되어 버렸으니, 어른들께서 받은 충격이 얼마나 컸겠습니까. 집행유예로 풀려나온 뒤 집에 들렀더니 할머니께서 "우리 장손을 전과자로 만들다니… 서울대가 아니라 웬수대"라며 장탄식을 하셨습니다. 집안 어른들께는 참으로 죄송한 일이었습니다.

노무현 대통령은 생전에 "시대는 단 한 번도 나를 비껴가지 않았다"라고 토로하신 적이 있습니다. 역사의 굽이굽이마다 자신에게 주어진 소임을 외면하지 않았다는 얘기일 것입니다. 그 시절 저 역시 암울한 시대를 비껴갈 수 있는 방법을 찾으려고 몸부림친 적도

지금은 고인이 되신 할머니는 늘 "우리 집안 장손(長孫)"이란 말씀을 입에 달고 사실 정도로 필자를 끔찍이 예뻐해주셨다. 그런 장손이 대학 시절 학생운동으로 세 번이나 구속되고 감방을 제집 드나들 듯하자 "서울대가 아니라 웬수대"라며 탄식하셨다. 대학 졸업식 날, 원수 같은 '웬수대'를 졸업하는 손자를 축하해주기 위해 학교로 오신 할머니와 함께 기념사진을 찍었다.

있었습니다. 그러나 숨 막히게 어두운 현실을 그냥 보고만 있을 수는 없었습니다. 세상을 바꾸고도 싶었습니다. 젊은 혈기로 얼마든지 세상을 바꿀 수 있을 것 같은 자신감도 있었습니다. 1992년 대학 졸업 때까지 마치 제집 드나들 듯 교도소를 세 차례나 들락거렸습니다. 그 시절 집안 어른들에게 서울대는 '웬수 같은 대학'이었을 것입니다.

긴 방황 끝
국회의원 정책비서로 변신
|

교도소를 세 번째 다녀온 직후인 1992년 8월, 당시 정국은 연말로 예정된 14대 대선이 서서히 달아오르고 있던 때였습니다. 대학을 졸업하면서 그동안 학생운동을 함께했던 선배들이 걸어간 길을 따라, 공장에 취직해 노동자의 길을 걷기로 결심했습니다. 선배들과 함께 현장에 들어갈 준비도 했습니다. 그런데 그 선배들이 조직 사건에 연루되어 대부분 구속되거나 수배를 받는 바람에 조직이 와해되어버렸습니다. 몇 달을 방황한 끝에 저는 결국 '블루칼라'의 삶을 포기했습니다. 처음부터 결심이 굳건하지도 못했던 데다 한 번 결심에 금이 가자 금세 둑이 무너지고 만 것입니다. 세상을 바꿔보겠다던 의지나 자신감은 하루아침에 온데간데없이 사라지고 말았습니다.

그렇게 1년여를 방황 속에서 보내다 1993년 말, 대학 선배가 창간한 신생 월간지 회사에 들어갔습니다. 직전에 도입된 지방자치제를 겨냥해 창간된 월간지였으나, 경영상의 어려움으로 30~40대 직장인 대상의 월간지로 성격을 바꾸는 중이었습니다. 선배를 도와준다는 생각으로 편집부 차장 겸 기자를 맡아 마감에 쫓기는 생활을 시작했습니다.

고단한 신생 월간지 기자 생활에 서서히 적응해가고 있는데, 1994년 가을, 뜻밖의 제안을 받았습니다. 국회 국정감사를 앞두고 신계륜 의원 정책보좌관을 하고 있던 선배에게서 국감 기간만 와서 도와줄 수 없냐고 연락이 온 겁니다. 그 선배가 일하고 있던 곳은 운동권 출신의 야당 국회의원실로, 상임위는 환경부와 노동부를 대상으로 하는 환경노동위원회 소속이었습니다. 경험 삼아 국감 기간에만 도와주기로 하고 일을 시작했습니다.

국감을 치르는 동안 지켜본 국회는 바깥에서 생각했던 것과는 많이 달랐습니다. 전두환 군부 독재정권 하에서 국회가 무슨 일을 할 수 있겠냐 싶었습니다. 그러나 국감 기간 직접 겪어본 국회는 생각보다 훨씬 많은 일을 할 수 있는 곳이었습니다. 하수종말처리시설이 적다보니 한강 지천에 폐수가 그대로 흘러들어 썩어가고 있는 실태를 고발해 사회적으로 꽤 큰 이슈가 되기도 했습니다. 대기업 공장에서 불법으로 산업 폐수를 무단 방류하고 있는 것을 알면서도 단속은커녕 도리어 기업을 감싸고도는 공무원들에게 불호령을 내리기도 했습니다. 노동자들의 권익을 보호해야 할 노동부가 거꾸로 부당노동행위를 일삼고 있는 기업을 비호하고 있는 실태도 통렬하게 비판하고, 바로잡아주기도 했습니다. 국회에서 하는 일이 통쾌하고 또 보람도 컸습니다.

국회 의정활동을 통해서도 사회의 부조리를 바로잡고 세상을 바꿀 수 있겠다는 생각이 들었습니다. 12·12 쿠데타로 불법적으로 정권을 찬탈한 뒤, 5·18 광주 민주항쟁을 무력으로 짓밟고 들어선 전두환 독재를 의정활동을 통해 감시하고 견제할 수도 있고, 나아가 법과 제도를 바꾸면 세상을 훨씬 빨리 바꿀 수도 있겠다는 희망을 발견한 것입니다. 마침 국감이 끝난 뒤 신계륜 의원이 정책비서로 함께 일해보지 않겠냐는 제안을 해왔습니다. 기쁜 마음으로 그 제안을 받아들였습니다.

국회 의정활동 보좌를 시작한 뒤 한동안은 신나게 일했습니다. 때마침 1995년 처음 실시된 지방자치단체장 선거에서 민주당 조순 후보가 서울시장에 당선되었고, 의원의 지역구인 성북구에서도 민주당 후보가 당선되었습니다. 그러나 국회에서 법과 제도를 바꾸는 일은 생각보다 힘들고 어려웠습니다. 불과 100석도 안 되는 작은 야당이 거대한 정부와 여당에 맞서 세상을 바꾸는 일은 한계가 너무도 분명했습니다. 공룡 같은 여권과 맞서 싸우기에는 야권의 힘이 너무 빈약했습니다.

1990년 '3당 합당'으로 생겨난 거대 여당은 수구 기득권 세력의 '종합선물세트' 같았습니다. 한때 김대중 전 대통령과 함께 민주화 세력의 상징으로 불리던 김영삼 전 대통령의 배신은 민주개혁세력에게 참으로 뼈아픈 결과를 안겨주었습니다. 1980년 민주화의 봄과 5·18 광주 민주항쟁의 불씨를 처음 피워 올렸던 '부마 항쟁'의 자랑스러운 역사를 갖고 있는 부산·경남이 YS의 '3당 합당'으로 하루아침에 보수의 철옹성이 되어버렸습니다. 지역주의에 안주하는 거대 여당에 맞서 세상을 변화시키기에는 야권의 힘의 한계가 너무도 분명했습니다. 설상가상으로 1996년 총선에서 신계륜 의원이 아깝게 낙선하고 말았습니다. 그 바람에 저는 15대 국회에서는 인권변호사 출신의 유선호 의원실로 자리를 옮겼고, 행정자치위원회와 정치개혁특위 활동을 보좌하게 되었습니다.

국회 유선호 의원실에서 정책비서관으로 근무할 때의 모습. 국회에서 처음 일을 시작하면서 품었던, 의정활동을 통해 세상을 바꿀 수도 있겠다는 희망과 기대는 시간이 지날수록 조금씩 사그라들었다. '3당 합당'으로 태어난 거대 여당에게 상대당과의 대화와 타협 같은, 말 그대로 '정치'는 불필요한 일이었기 때문이다. 정치가 사라진 국회는 '직장'의 의미 이상을 갖기 어려웠다.

동성동본에다
'전라도 출신'이라고?
|

    국회 보좌진 생활을 시작한 뒤 제 인생의 또 하나의 큰 변곡점이 찾아왔습니다. 대학 졸업 후 연락이 끊겼던 지금의 아내를 그때 다시 만나게 된 것입니다. 아내는 제가 대학 4학년 총학생회 학술부장 시절 처음 만났습니다. 대학 1년 후배로 동갑내기였습니다. 학창 시절 아내는 동아리에서 선후배를 모두 잘 챙겨 '대모(大母)'로 불리기도 했습니다. 따뜻하고 세심한 마음 씀씀이로 함께 일하는 사람들을 편하게 만드는 매력을 가진 사람이었습니다. 관심도 가고 호감도 있었지만 안타깝게 김해 김씨 '동성동본'이었습니다. '이루어질 수 없는 인연'이라 여기고 그냥 편한 선후배로 지냈습니다. 졸업 후 연락이 끊겨 한동안 만나지 못하고 지내오다 국회에서 일을 시작한 뒤 꽤 오랜만에 다시 만나게 된 것입니다.

동성동본과 영호남이라는 어려운 조건을 극복하고 결혼한 아내는 늘 든든한 언덕이 되어 주는 사람이다. 대학 시절 동아리에서 '대모(大母)'로 불릴 정도로 시원시원한 성격에 주변 사람들을 배려할 줄 아는 사람이었다. 선거운동 과정에서 그런 아내의 존재는 큰 힘이 되어주었다.

다시 만나 반갑긴 했지만 여전히 '동성동본'이라는 족쇄 때문에 결혼은 생각도 못하고 있던 그때, 지금은 국회의원이 되어 있는 선배 누나가 둘이 잘 어울린다며 적극적으로 중매쟁이를 자처하고 나섰습니다. 우리 두 사람이 '동성동본'이라 주저한다는 걸 알고는, "해외에 가서 결혼하고 오면 해결된다"는 해괴한 논리까지 들이대면서 우리 둘을 맺어주려고 애를 썼습니다. 인연이 되려고 그랬는지 때마침 정부에서 동성동본 혼인을 한시적으로 허용한다고 발표했습니다. 그동안에도 10년에 한 번씩은 동성동본 부부의 혼인신고를 한시적으로 받아주었는데, 그해는 6년 만에 허용한다는 것이었습니다. 하늘이 우리를 도와주는 걸 보니 천생연분인가 보다 하는 생각이 들기도 했습니다.

그래도 또 넘어야 할 산이 있었습니다. 영호남 지역갈등이었습니다. 전라남도 신안군 임자도라는 섬에서 태어난 아내의 출신 지역이, 지역감정에 물들어 있던 집안 어른들에게 선뜻 승낙을 받아내기 어려운 걸림돌이 될 것 같았습니다. 동성동본에다 '전라도 출신 며느릿감'이라고 하면 부모님은 아예 만나지도 않겠다고 하실 것 같았습니다. 1995년 겨울, 마침 다른 일로 서울에 오신 부모님께 아내에 대한 아무런 사전정보도 드리지 않고, 사귀는 사람이라는 얘기도 하지 않은 채 짧은 만남의 자리를 만들었습니다. 다행히 두 분 다 아내에게 무척 호감을 가지신 눈치였습니다. 그날 밤 두 분께 모든 걸 솔직히 말씀드렸습니다.

사정 얘기를 들으신 두 분께서는 "하필이면…"이라며 한숨을 내쉬셨습니다. 한참을 고민하시더니 "우리가 뻔히 반대할 줄 알면서도 네가 이런 선택을 한 데는 그만한 이유가 있지 않겠냐?"며 먼저 아버지께서 허락해주셨습니다. 어머니는 집안 어른들을 설득할 일이 걱정이셨는지, 며칠 더 고민하시더니 "결혼은 사람보고 하는 것"이라며 결국 승낙해주셨습니다. 자식을 믿고 어려운 결정을 선뜻 받아들여주신 부모님이 지금도 고마울 따름입니다. 당시 광주에 살고 계셨던 장인·장모님과 처가 식구들은 사위될 사람이 영남 출신인 게 무슨 문제냐는 반응이었습니다.

1996년 2월 아내를 처음 만난 지 7년 만에 마침내 결혼식을 올렸습니다. 서울 마포의 단칸방에서 신혼살림을 시작했습니다. 그때부터 지금까지 아내는 제 삶의 동반자이자 동지로, 가장 든든한 후원자가 되어주었습니다. 사랑이란 비를 맞으며 함께 걸어가는 것이라고 했습니다. 고비가 많았던 제 인생에서 비가 아니라 폭풍우를 맞으며 함께 걸어가주는 사람, 지금 돌아보아도 아내는 제게 '운명'처럼 다가온 인연이었습니다.

'연좌제'에 걸려
첫 청와대 입성 좌절
|

　김영삼 정부의 실정으로 찾아온 외환위기가 1997년 대통령 선거 판도를 뒤흔들었습니다. 그러나 집권세력의 거대한 실패에도 국민은 야당을 대안으로 보지 않았습니다. 산업화 세력 또는 유신 세력이라 불리던 자민련과 함께 'DJP 연합'을 구성하고, 이인제 후보의 출마라는 여권의 분열까지 더해지고서야 간신히 헌정사상 최초의 수평적 정권교체가 이루어졌습니다.

　정권교체 이후 국회 정치개혁특위에서는 선거법을 개정하기 위한 논의가 활발하게 이루어졌습니다. 유선호 의원이 정치개혁특위 여당 간사를 맡은 덕분에 '돈과 조직은 묶고, 발과 입은 푸는' 선거법을 만들기 위해 철야를 밥 먹듯이 해야 했습니다. 꽤 오랜 협상과 진통을 거쳐 관권선거와 금권선거를 막을 수 있는 선거법 개정이 이루어졌습니다. 선거법은 그 이후에도 여러 차례 개정을 거쳐 선거공영제를 강화하고, 깨끗한 선거가 가능할 수 있도록 지금의 선거법을 만들 수 있었습니다.

2001년 미국 뉴욕에서 9·11 테러가 나던 날 유선호 의원이 청와대 정무수석으로 임명되었습니다. 저도 정무수석 보좌관으로 함께 청와대에 들어갔습니다. 그런데 어찌된 일인지 3개월이 지나도록 정식 직원으로 발령이 나지 않았습니다. 청와대 경호실에서 신원조회가 통과되지 않았다는 것이 이유였습니다.

정무수석이 경호실장과 이 문제로 두 번을 만났지만 경호실의 완강한 반대로 뜻을 이루지 못했습니다. 국가보안법 위반 전력 때문인가 싶기도 했지만, 이미 문민정부 출범 이후 민주화운동 과정에서 발생한 '국가보안법 사범'은 청와대에서 근무하는 데 별 문제가 되지 않았습니다. 더구나 당시 국정원에서도 '문제없다'는 통보를 받는데도 경호실이 끝까지 반대하고 나선 겁니다.

정무수석이 경호실장과 마지막 세 번째 담판을 하기로 한 날, 수석은 "이번에도 경호실에서 반대하면 대통령님께 보고드리겠다"며 나갔습니다. 그날 저녁 경호실장을 만나고 돌아온 정무수석이 풀이 죽은 목소리로 "나이도 한참 위인 경호실장이 '한 번만 봐 달라'며 통사정을 하는 바람에 뜻을 관철시키지 못했다"고 미안해했습니다. 군 출신인 경호실장에게 기무사에서 '절대 불가' 입장을 강력하게 전해왔다고 합니다.

속사정을 알아봤더니 제가 태어나기 1년 전쯤, 당시 장교로 휴전선 철책 근무를 서고 있던 외삼촌이 월북했다는 게 이유였습니다. 그때까지 저는 그런 외삼촌이 있었다는 사실조차 까맣게 몰랐습니다. 설사 그렇다고 해도 '연좌제'가 없어진 지가 언젠데 그것도 '국민의 정부' 청와대에서 이런 일이 있다는 게 믿기지 않았습니다. 참으로 어처구니없는 일이었습니다.

그렇지만 경호실장이 그렇게까지 나오는데 이 일로 더 이상 싸우기가 어려웠습니다. 결국 정무수석과 상의해 '건강상의 이유'로 청와대를 그만두는 것으로 하고 청와대를 나왔습니다. 그런데 문제는 제가 아니라 어머니였습니다. 그런 일로 청와대를 그만두었다고 말씀드릴 수가 없었기 때문입니다. 시집 온 뒤 한 번도 얘기하지 않았던, 지금껏 당신의 가슴속에만 묻어두었던 비밀이었습니다. 그만둔 사실을 말씀도 못 드리고 차일피일 미루고 있던 차에 유선호 정무수석도 1개월 뒤에 청와대를 사직하고 나왔습니다. 부모님은 한

동안 정무수석과 함께 그만둔 것으로 알고 계셨습니다. 참여정부에서 다시 청와대에 들어간 뒤에야 집안 어른들에게 그때 얘기를 털어놓을 수 있었습니다.

2장

노무현 대통령과
함께한 나날들

노무현과 '사람사는세상'을 만나다

청와대를 쫓겨 나오다시피 한 뒤 한동안은 오랜만에 여행도 다니며 가족들과 함께 시간을 보냈습니다. 그러던 차에 당시 '노무현 캠프'에 있던 선배들에게서 함께 일하자는 제의가 왔습니다. 마침 지방선거(2002년 6월 13일)가 앞에 있어 우선 서울시장 선거를 먼저 도와주고 난 뒤에 대선 캠프에 합류하기로 했습니다. 2002년 월드컵 기간 중에 치러진 6월 지방선거는 여당의 참패로 끝나고 말았습니다. 같은 당 대선 후보인 노무현 후보의 지지도도 함께 곤두박질쳤습니다. 지방선거가 끝난 직후인 6월 말 저는 노무현 캠프 전략기획팀에 합류했습니다. 캠프에 합류할 즈음은 후보의 지지도가 가장 낮을 때였습니다. 그래도 평소 함께 일해보고 싶었던 분과 일할 수 있게 된 것만으로도 좋았습니다. 이렇게 노무현 대통령과의 인연이 시작되었습니다.

민주당 선대위가 출범하면서 저는 전략기획국에서 일을 했습니다. 주 업무는 각종 여론조사 기법을 동원해 대선의 전략기조를 잡는 일이었습니다. 당시 조사결과에 따르면, 국민은 2002년 대선을 '새로움과 낡음의 대결'로 바라보고 있는 것으로 나왔습니다. 기득권과 특권을 배격하고 상식과 원칙, 개혁과 통합을 얘기해온 후보의 이미지와 정확히 일치하는 결과였습니다. 후보에게 조사 결과를 프리젠테이션했고, 후보는 흔쾌히 동의했습니다. 그 자리에서 후보는 이번 대선의 의미와 함께 '사람사는세상'을 향한 자신의 생각과 포부를 꽤 길게 설명하였습니다. '사람사는세상', 이 말이 제 뇌리에 깊숙이 박혔습니다. 대통령의 솔직 담백한 얘기를 들으며, 세상을 바꿔보고 싶다는 제 가슴속 열정이 서서히 다시 타오르고 있음을 느낄 수 있었습니다. '바보 정치인' 노무현과 함께 '사람사는세상'을 만드는 일…. 그날 저는 한 사람의 정치인이 아니라 세상을 함께 바꾸어나갈 '동지'를 만난 것입니다. 대통령의 '마지막 비서관'으로서의 운명이 시작되는 순간이었습니다.

노무현 후보의 결단으로 정몽준 후보와의 단일화 협상이 시작되었습니다. 협상단에 실무 간사로 참여해 협상의 실무를 맡았습니다. 협상 타결 후 마지막 여론조사 때는 여론조사 기관에 검증단으로 나가 하루 종일 조사가 진행되는 과정을 피를 말리며 지켜보았습니다. 극적인 단일화로 순탄할 것만 같았던 대선은 투표 전날 정몽준 후보의 합의 파기로 또 한 번 크게 요동쳤습니다. 정몽준 후보의 '합의 파기' 소식이 알려지자 '노무현을 구하자', '나라를 살리자'며 국민이 들고일어났습니다. 보수언론의 방해책동도 이를 막을 순없었습니다. 새로운 대한민국을 기대했던 국민의 힘으로 노무현 후보는 극적으로 당선되었습니다.

'노사모(노무현을 사랑하는 사람들의 모임)'라는 세계 정치사상 유례없는 인터넷을 통한 정치인 팬클럽 탄생, '주말 드라마'로 불릴 만큼인기가 높았던 국민참여경선, 마지막까지 손에 땀을 쥐게 했던 후보 단일화 과정을 통해 우리도 선거를 축제처럼 치를 수 있음을 처음으로 확인한 선거였습니다. 그해 대선은 국민의 힘으로 이끌어낸'국민 승리' 드라마였습니다.

참여정부 출범,
마침내 청와대 입성

노무현 후보가 대통령에 당선된 후 곧바로 대통령직인수위원회
가 꾸려졌습니다. 인수위에서는 이광재 선배가 팀장으로 있던 당선
자 비서실 기획팀에서 일하게 되었습니다. 기획팀에서 유일하게 청
와대 근무 경험이 있다는 이유로, 청와대 조직 개편과 인수인계 업
무를 맡았습니다. 청와대 조직 개편은 당선자가 오래전부터 구상해
온 방향에 따라 추진되었습니다. 당선자는 청와대가 행정부처의 옥
상옥(屋上屋)이 되지 않아야 한다고 강조했습니다. 아울러 대통령이
직접 챙기는 주요 국정과제를 중심으로 역동적으로 일하는 청와대
를 구상하고 있었습니다. 특히 인사에 대해서는 청탁 문화를 근절
하고, 좋은 인재를 발굴하고 추천할 수 있는 시스템을 만들기 위해
청와대에 인사보좌관을 새로 두기로 한 것도 인상적이었습니다.

청와대 업무 인수인계 과정에서는 과거 신원조회 문제를 일으켰던 경호실과 청와대 직원들의 인사관리를 담당하는 총무비서관실 관계자들과 멋쩍은 조우를 해야 했습니다. 업무 인수인계를 위해 만난 총무비서관은 제가 과거 경호실의 반대로 3개월 만에 쫓겨 나간 사실을 알고 있는 분이었습니다. 축하 인사를 건네면서도 한편으로는 몹시 민망해했습니다. 그건 경호실도 마찬가지였습니다. 그런 일을 전해들은 주변 사람들은 "청와대 신원조회는 김경수만 통과하면 다른 사람들은 100퍼센트 통과"라는 우스갯소리를 하곤 했습니다.

인수위 활동을 마치고 청와대 국정상황실 행정관으로 다시 청와대 생활을 시작했습니다. 경호실 신원조회 절차는 여전히 남아 있었지만, 문희상 비서실장이 새로 임용되는 직원들의 신원보증을 서는 것으로 하고 마무리하기로 했습니다.

국정운영의 산 교육장,
참여정부 청와대

|

청와대 국정상황실에서 일일 현안점검과 함께 대통령 일정을 중심으로 하는 국정운영 기획 업무를 맡았습니다. 매일 아침 8시 비서실장이 주재하는 현안점검회의에 밤사이 발생한 주요 상황과 언론보도상의 특이사항을 정리해 보고하는 일이 제 몫이었습니다. 새벽 일찍 나가서 각종 상황보고를 정리하고, 주요 언론보도 내용을 점검해야 8시 회의에 맞추어 보고를 할 수 있었습니다. 현안점검회의를 마치면 회의 결과를 다시 대통령용 보고서로 만들었습니다. 국정운영 기획 업무는 그 시기에 집중해야 할 주요과제를 추진하기 위한 대통령 일정을 기획안으로 만드는 일이었습니다. 그러다 보니 주말에도 거의 빠짐없이 출근하는 날이 많았습니다. 그렇게 1년 이상을 주말이 따로 없는 '월화수목금금금' 체제로 일했습니다. 몸은 힘들었지만 국정 전반에 대한 이해와 안목을 키울 수 있었던 소중

한 시간이었습니다.

이듬해인 2004년 3월, 야당의 대통령 탄핵 소추로 인해 대통령 직무가 정지되어 버렸습니다. 들불처럼 타올랐던 국민의 분노 속에 4월 총선을 치른 뒤, 5월 15일 탄핵 소추에 대한 헌법재판소의 판결이 나왔습니다. 대통령의 직무정지가 해제되던 바로 그날, 1부속실로 발령이 났습니다. 1부속실은 대통령을 바로 옆에서 직접 보좌하는, 흔히 '비서실의 비서실'로 불리는 곳입니다. 말 그대로 진짜 노무현 대통령의 비서가 된 것입니다. 1부속실로 발령이 나던 날 집무실에서 처음 만난 대통령은 "자네가 김경수인가? 얘기는 많이 들었네. 앞으로 잘해봅시다"라며 반갑게 악수를 청했습니다. 운명이 또 한 발짝 노무현 대통령과 제 사이의 간극을 좁혀 놓는 순간이었습니다.

1부속실에서는 대통령에게 올라오는 각종 보고서와 자료를 미리 검토하고, 대통령의 지시사항을 해당 비서실에 전달하는 역할을 맡았습니다. 보고서 양식이 틀렸거나 통계나 내용에 오류가 있는지를 미리 점검해 잘못된 것이 있으면 작성자에게 돌려보내서 바로잡는 일이었습니다. 대통령의 지시사항을 해당 비서실에 전달하는 일도 1부속실의 주요한 업무였습니다. 대통령은 평소 비서들에게 '내

청와대 생활은 힘들고 빡빡했다. 새벽 출근과 심야 퇴근, 주말이 없는 '월화수목금금금'이
이어졌다. 그래도 대통령과 함께 일할 수 있다는 것만으로도 좋았다. 청와대 홈페이지에
올릴 신년 인사 영상 촬영을 도와드리고 있다.

가 대통령이라면 어떻게 할까?'를 함께 고민해줄 것을 주문했습니다. 정치 입문 이후 참모들을 단순한 '비서'가 아니라 뜻을 함께하는 '동지'로 생각해온 대통령으로서는 당연한 주문이었습니다.

1부속실에서 했던 일 중에서 가장 기억에 남는 것은 청와대 업무관리시스템인 '이지원(e知園)' 개발이었습니다. 인명관리시스템인 '노하우' 개발에 직접 참여했던 대통령은 청와대 업무관리도 온라인 시스템으로 이루어지길 원했습니다. 문서보고부터 일정 관리, 직원들의 업무평가, 각종 회의까지 청와대 내에서 이루어지는 모든 업무를 온라인으로 바로바로 처리할 수 있는 시스템을 만들고 싶어 했습니다. 청와대 관저에서 시스템 담당자들과 함께 '이지원' 개발 회의가 자주 열렸습니다. 한 번 열리면 몇 시간씩 이어지는 건 예사였고, 때로는 오전에 시작한 회의가 오후까지 이어질 때도 있었습니다. 일정이 아무리 많고 피곤해도 '이지원' 개발 회의를 미룬 적은 단 한 번도 없었습니다. 대통령에게 '이지원' 개발 회의는 '피로를 풀어주는 취미생활'이나 마찬가지였습니다.

그렇게 만들어진 '이지원'은 특허청에서 공식 특허를 받기도 했습니다. 퇴임 직전에는 대통령기록관으로부터 '이지원' 공개버전을 만들어 국민들에게 공개해줄 것을 약속받았습니다. '이지원'을 보며 참여정부 청와대가 어떻게 일했는지를 한눈에 알 수 있기 때문입니다. 그러나 그 약속은 아직도 지켜지지 않고 있습니다. 언젠가는 풀어야 할 또 하나의 숙제입니다.

1부속실 재직 중 2006년 한 해 동안은 '대통령 수행비서'를 맡았습니다. 말 그대로 잠자는 시간만 빼고는 대통령을 그림자처럼 따라다녔습니다. 이듬해 4월, 윤태영 연설기획비서관이 건강상의 이유로 사직하면서 제가 그 후임을 맡게 됐습니다. 연설기획비서관은 연설비서실의 대통령 연설문 작성을 지원하고 대통령의 활동을 다큐멘터리처럼 기록하는 자리입니다. 대통령이 참석하는 실내 회의 때는 노트북으로, 야외 행사 시에는 파란 메모 수첩과 녹음기를 들고 다니며 대통령의 일거수일투족을 놓치지 않고 기록했습니다. 대통령이 참석하는 회의와 행사가 워낙 많다보니 이를 일일이 기록하는 일이 결코 만만치 않았습니다. 대통령이 어떤 과정을 거쳐서 국정운영에 관한 결정을 내리는지 기록하며 지켜보는 일은 그 자체로 큰 공부였습니다.

세상 사람들은 대부분 언론을 통해 세상 돌아가는 소식을 듣게 됩니다. 그러나 참여정부는 언론을 통해 대통령과 정부 정책을 제대로 전달하기가 쉽지 않았습니다. 취임 초부터 특권과의 전쟁을 시작한 대통령에게 언론도 예외는 아니었습니다. 그동안 특정 매체들이 독점해왔던 청와대 기자실과 행정부처 기자실을 개방하고 그동안의 취재 관행을 바꾸는 일에 착수했습니다. 그러나 그 과정은 매끄럽지 못했습니다. 일선에서 취재하는 기자들조차 심하게 반발했고, 그 와중에 대통령과 정부 정책 관련 기사들이 우호적으로 보도되기는 어려웠습니다. 공개적인 일정에서 대통령이 전하고 싶은 핵심 주제는 사라져버리고, 작은 말실수와 해프닝이 지면을 덮어버리는 일이 비일비재했습니다. 정책이 결정되기 전 다양한 의견을 수렴하고 토론을 통해 최종안을 다듬어나갔던 대통령의 국정운영 스타일은 '끊임없이 갈등을 일으키는 시끄러운 대통령'으로 국민들에게 전달되기 일쑤였습니다.

그런 과정을 지켜보면서 안타까울 때가 한두 번이 아니었습니다. 그럴 때마다 대통령은 윤태영 비서관과 저에게 "차분히 이 모든 역사를 기록으로 남길 것"을 주문했습니다. 역대 대통령기록물은 모두 합해서 30만 건이 조금 넘습니다. 참여정부가 대통령기록관으로 이관한 기록물은 800만 건에 달합니다. 기록물의 양도 양이지만, 대통령기록물에 관한 제도를 새롭게 만들었다는 것이 더 중요한 의미를 갖습니다. 《조선왕조실록》이라는 세계적인 유산을 남긴 우리의 기록 문화는 일제강점기를 거치며 모두 사라져 버렸습니다.

노무현 대통령은 "기록이 곧 역사"라고 강조하며 사라진 기록 문화를 되살리는 데 심혈을 기울였습니다. 대통령기록물 관리법을 새로 만들고, 역사상 처음으로 온라인 시스템으로 처리된 전자문서를 기록으로 남기도록 했습니다.

대통령은 2007년 초부터 청와대 내에 기록물 이관을 위한 전담팀을 따로 만들게 하고, 기록물 이관 작업의 진척 상황을 수석보좌관회의에서 보고를 받으면서까지 직접 챙겼습니다. 그렇게 심혈을 기울여가며 이관시킨 기록물을 후임 정권들은 거꾸로 노무현 대통령을 공격하는 무기로 삼았습니다. 기록물 보호를 위한 법과 제도를 무력화시키고, 심지어 내용을 왜곡하면서까지 기록물을 오로지 자신들의 권력 유지를 위한 도구로만 악용했습니다. 통탄할 일이 아닐 수 없습니다.

2007년 남북정상회담 첫날, 대통령을 환영하기 위해 인민문화궁전 광장으로 나온 김정일 위원장이 남측 수행원들과 인사를 나누고 있다.

대통령의 귀향과
봉하마을의 추억

|

2008년 2월 25일, 대통령은 제16대 대한민국 대통령의 임기를 마치고 고향 김해 봉하마을로 귀향했습니다. 퇴임한 대통령의 공보 담당 비서관이 되어 함께 봉하마을로 왔습니다. 처음에 1부속실에서 일해보지 않겠냐는 제안을 받았을 때, 어쩌면 퇴임 후까지 대통령과 함께해야 할지 모른다는 생각을 가졌던 것도 사실입니다. 그래서 봉하로 함께 가자는 제안을 받았을 때 큰 망설임 없이 결정할 수 있었는지도 모릅니다. 그러나 무엇보다 아내가 흔쾌히 동의해준 것이 고마웠습니다. 저야 김해가 고향은 아니어도 같은 경남 출신이니 그렇게 낯선 곳은 아니지만, 아내에게는 그야말로 물설고 낯선 타향이었기 때문입니다. 대통령에 대한 존경과 애정이 있었기 때문에 가능한 일이었습니다.

퇴임식 당일인 2월 25일 오후, 봉하마을에서 대통령의 귀향을 반기는 환영식이 열렸습니다. 작은 마을에 무려 2만 명이 넘는 인파가 몰려와 대통령의 귀향을 환영했습니다. 고향에 돌아와 모처럼 홀가분한 마음으로 환영행사에 참석한 대통령도 한껏 들떠 있기는 마찬가지였습니다. 대통령은 인사말 도중 "야~ 기분 좋다!"를 외치며 고향에 돌아온 심경을 솔직하게 내뱉었습니다. 봉하마을에서의 생활은 그렇게 시작되었습니다. 당초 예상하기론 봉하마을 생활은 청와대와는 달리 좀 여유롭고 느긋할 것으로 생각했습니다. 그러나 그런 기대는 귀향한 첫날부터 깡그리 무너지고 말았습니다.

전국에서 수많은 사람이 연일 구름처럼 봉하마을로 몰려오기 시작했습니다. 특히 주말이면 승용차와 관광버스가 한꺼번에 몰려 마을 입구에서부터 도로가 마비되곤 했습니다. 그리고는 사저 앞에 몰려와 "대통령님, 나와 주세요~"를 연호했습니다. 그들은 기어이 전직 대통령이 나와서 인사를 하게 만들었습니다. 대통령과 함께 사진을 찍겠다고 길게 줄을 선 채 몇 십 분씩 기다리는 것도 예사였습니다. 때 아닌 외지인들로 봉하마을은 몸살을 앓을 정도였습니다. 참으로 놀라운 일이 아닐 수 없었습니다.

이런 현상에 대해 대통령은 '이해할 수 없다'는 반응을 보였습니다. 그러면서도 대통령은 찾아오신 분들에게 늘 미안해했습니다. 멀리서 찾아왔는데 특별한 볼거리도 없고, 게다가 편히 쉴 만한 휴식 공간 하나 없는 곳에서 손님맞이를 하는 게 늘 마음에 걸렸던 것입니다. 그 미안함 때문에 대통령께서는 많을 때는 하루에 열한 번이나 불려나가 인사를 하기도 했습니다. 결국 대통령이 나오는 시간을 오전 2회, 오후 3회로 정례화하고 아예 공지문을 내다 붙였습니다. 대통령 자신은 물론이요, 방문객들도 모두 즐거워하던 모습이 지금도 눈에 선합니다.

"대통령님, 나와 주세요!" 방문객들이 입을 모아 외치면 안 나갈 도리가 없었다. 어떤 날은 하루에 열한 번 불려나간 적도 있다. 대통령이 방문객들과 인사를 하면서 나눈 대화를 기록하고 정리하는 것도 내가 맡은 역할 중 하나였다. 장애인올림픽 위원을 지낸 장향숙 전 의원이 봉하를 방문한 날, 대통령도 같이 나와 인사했다.

대통령이 '귀향'을
선택한 까닭
|

대통령이 퇴임 후 고향 봉하마을로 돌아온 이유는 무엇이었을까요? 재임 중 지역 균형발전을 위해 행정중심복합도시인 세종시와 혁신도시에 200개가 넘는 공공기관과 공기업을 수도권에서 지방으로 이전시켰습니다. 그로 인해 당사자는 물론 딸린 가족들까지 모두 지방으로 가게 되었습니다. 대통령은 이게 늘 마음에 걸렸던 모양입니다. 방문객과의 대화 중에 가끔 귀향 이유를 묻는 질문을 받곤 했습니다. 대통령은 "수만 명에 달하는 사람들을 지방으로 가라 해놓고, 정작 자신은 퇴임하고 서울에서 산다면 그게 말이 되냐"며 귀향 이유를 설명했습니다. 자신의 뜻과 무관하게 국가 정책 때문에 지방으로 가야 했던 분들에 대한 '미안함'과 '인간적 도리'를 외면할 수 없었다는 것입니다. 인간 노무현의 단면을 보여주는 일이었습니다.

대통령은 봉하마을로 돌아온 뒤 예상치 못한 방문객들을 맞느라 몸은 피곤해도 마음은 편안하고 즐거워 보였습니다. 밀짚모자에 점퍼 차림으로 동네 앞 논길을 걷기도 하고 때로는 손녀를 자전거에 태워 들길을 내달리기도 했습니다. 부담 없이 동네 슈퍼에 들러 담배도 피우면서 주민들과 대화를 나누고, 주말이면 자원봉사자들과 함께 나무도 심고 막걸리도 한잔 나누고 했습니다. 서울에서 손님이 찾아오면 어김없이 봉화산 등산길에 함께 올라 고향 자랑에 여념이 없었습니다.

소박한 시골 사람으로 돌아간 전임 대통령. 그의 일거수일투족은 현직 대통령 못지않게 언론의 주목을 받았습니다. 대통령의 인간적 매력도 매력이었거니와 언제든 찾아가면 전직 대통령을 만날 수 있다는 사실 자체가 국민에게 신선한 충격으로 받아들여진 것 같았습니다. 재임 시절 대통령에게 주어진 무소불위의 권력을 국민에게 돌려주고 권위주의 해체를 시도했던 대통령에게 '귀향'은 어쩌면 당연한 선택이었습니다.

귀향한 대통령의
두 가지 '꿈'

|

    퇴임 후 고향으로 돌아온 대통령에겐 두 가지 꿈이 있었습니다. 고향 봉하마을을 '아름답고 살기 좋은 마을'로 만들어 이를 전국으로 확산시키는 일을 하는 것이 첫 번째 꿈이었습니다. 두 번째는 이제 다시 시민으로 돌아왔으니 '깨어 있는 시민들'과 함께 시민 민주주의를 발전시키는 일에 기여하는 것이었습니다.

    우선 고향마을을 '아름답고 살기 좋은 마을'로 만들기 위해 먼저 팔을 걷어붙이고 마을 주변 환경부터 깨끗하게 만드는 일에 나섰습니다. 당시만 해도 여느 시골동네와 다름없었던 봉하마을은 동네 이곳저곳이 쓰레기로 넘쳐났습니다. 논에는 농민들이 버린 농약병과 비닐쓰레기가 가득했고, 마을 앞 개천도 썩어서 악취가 날 지경이었습니다. 틈만 나면 대통령은 각종 오물로 뒤덮인 마을과 들판,

봉화산과 화포천을 청소했습니다. 주말이면 찾아오는 전국의 자원봉사자들이 큰 힘이 되었습니다.

화포천을 청소할 때는 인근 지역의 스킨스쿠버 동호인들이 자원봉사를 해주었습니다. 보트를 타고 나가 물속에서 냉장고, 소파, 건축 폐자재 등 온갖 쓰레기를 주워 올려야 했습니다. 지금은 생태공원으로 조성되어 국토해양부(현 국토교통부)가 선정한 '아름다운 100대 하천'에도 포함되었지만, 그 당시만 해도 화포천은 '습지'로 분류조차 되어 있지 않았습니다. 대통령의 귀향 활동을 통해 알려지면서 뒤늦게 환경부에서 보존가치가 높은 습지로 분류하고 보호 대책 마련에 나섰습니다.

살기 좋은 마을을 만들기 위해 대통령은 '친환경 농사' 도입을 제안했습니다. 처음 오리농법을 도입하자고 제안하자 마을 주민 대다수가 반대했습니다. 1년에 농약 몇 번만 치면 얼마든지 편하게 농사 지으며 먹고살 수 있는데 굳이 번거로운 일 만들기 싫다는 것이었습니다. 힘들기도 하지만 친환경으로 농사지으면 비싸서 팔리지 않는다는 것도 반대 이유였습니다. 마을 주민들을 어렵게 설득해 첫해 시범적으로 오리농법을 도입하기로 했습니다. 그해 가을 봉하 친환경 오리쌀은 없어서 못 팔 정도로 대박이 났습니다. 이듬해에는 너도나도 친환경 농사에 뛰어들어 봉하 들판 전체를 친환경 생태농업단지로 만들 수 있었습니다.

봉하마을이 있는 진영읍은 '단감'으로 유명합니다. '진영 단감'의 주산지입니다. 대통령은 단감 농사도 친환경으로 짓자고 제안했습니다. 마을 주민들은 벼농사는 몰라도 단감은 병충해가 많아서 친환경이 불가능하다고 손사래를 쳤습니다. 수소문을 했더니 진주에서 친환경으로 단감 농사를 짓는 분들이 있었습니다. 마을 주민들과 함께 견학을 다녀왔습니다. 그러나 거기도 아직 실험 단계에 있어 결국 그해 단감 농사는 친환경으로 짓지 못했지만, 지금은 단감 농사에도 친환경 농법이 도입되었습니다.

그 외에도 '아름답고 살기 좋은 마을'을 만드는 데 도움이 되는 사례가 있는 곳이라면 어디든 찾아다녔습니다. 여름 휴가지로 선택한 강원도에서도 그런 곳을 골라서 찾아다닐 정도였습니다. 대통령은 봉하마을에서 모범 사례를 만들고, 이를 전국으로 확산시키는 일을 해보고 싶어 했습니다. 재임 중 수도권과 지방이 고루 잘사는 나라를 만들기 위해 심혈을 기울여 추진했던 '지역 균형발전'에 그렇게라도 기여하고 싶었던 것입니다. 대통령과 함께하는 일에 모두들 신명나게 참여했습니다.

노무현재단 회원들에게 국내 최대의 하천형 습지인 화포천에 대해 설명하고 있다. 대통령은 귀향 이후 화포천을 살리는 데 적지 않은 공을 들였다. 자원봉사자들과 함께 청소하는 것은 기본이었고 생태 탐방로 만들기, 참게 방류, 그물 제거하기 등 대통령의 화포천 사랑은 끝이 없었다. 이후 화포천은 국토해양부가 선정한 '아름다운 100대 하천'에 뽑히기도 했다.

대통령의 또 하나의 큰 꿈은 평범한 시민으로 돌아와 '깨어 있는 시민들'과 함께 만드는 시민 민주주의, 시민 참여의 시대를 여는 것이었습니다. 이를 위해 먼저 '민주주의 2.0'이라는 인터넷 토론 사이트를 만들었습니다. 평소 토론과 대화를 즐겨했던 대통령은 온라인에서 '공론의 장'을 구현하고 싶어 했습니다.

민주주의는 서로 생각이 달라도 대화와 토론을 통해 타협하면서 균형과 조화를 찾아가는 제도입니다. 그러나 인터넷 공간에서 제대로 된 토론이 이루어지는 곳을 찾기가 쉽지 않습니다. 더구나 검증되지도 않고 근거도 불명확한 수많은 정보가 인터넷을 떠돌면서 건전한 토론을 방해하는 경우도 적지 않았습니다. 대통령은 이런 문제들을 '민주주의 2.0'을 통해 해결해보고 싶어 했습니다.

재임 중 '이지원'을 만들던 그 열정으로 토론 사이트 구축에 열을 올렸습니다. 그래서 그 바쁜 와중에도 대통령은 토론 사이트 개발에 심혈을 기울였습니다. 서울에 있는 개발팀이 자주 내려오기 어렵다고 하자 아예 '화상회의 시스템'을 구축했습니다. 아무리 바쁘고 힘들어도 '민주주의 2.0' 개발 관련 회의는 최우선으로 잡으라고 했습니다. 그러나 청와대와 달리 봉하에서 추진하는 '민주주의 2.0'은 아무래도 더딜 수밖에 없었습니다. 이슈를 만들어내고 또 토론을 활성화시켜야 했으므로 더욱 복잡하고 어려운 일이었습니다. 결국 대통령의 서거로 '민주주의 2.0' 개발도 중단되었습니다.

대통령 재임 중에 시작된 '민주주의의 미래'에 대한 고민도 계속 이어졌습니다. 방문객과의 대화가 하루 3~5회 정도로 정례화된 이후에는, 대통령이 고민하고 있는 주제에 대해 한두 시간씩 즉석 강연을 하는 경우도 잦아졌습니다. 같은 주제를 놓고 참여정부 당시 함께했던 학자들과 함께 책을 쓰는 일에도 착수했습니다. 그렇지만 서울에 있는 분들이 봉하를 자주 찾는 것은 거리상으로 쉽지 않은 일이었습니다. 대통령은 인터넷을 통해 공동으로 책을 집필할 수 있는 공간을 만들어 연구와 토론을 이어갔습니다. 민주주의의 미래에 대한 고민은 '진보의 미래', '국가의 역할은 무엇인가'로 이어지면서, 대통령이 직접 쓴 원고를 놓고 각론을 논의하는 단계까지 발전해 갔습니다. 그러나 검찰의 표적 수사가 시작되면서 책 집필은 중단될 수밖에 없었습니다.

대통령은 퇴임 후에도 자신의 구상을 실현하기 위해 열정적으로 매달렸습니다. 그러나 비정한 권력은 퇴임한 대통령의 소박한 꿈조차 허용하지 않았습니다. 검찰을 앞세운 권력의 칼끝이 조금씩 대통령을 향해 죄어오기 시작했습니다.

대통령은 주말이면 자원봉사자들과 함께 봉하마을 가꾸기를 위한 일들을 함께 했다. 특히 마을 뒤편 산자락에 장군차 나무를 많이 심었다. 나무심기가 끝난 뒤 막걸리 한잔 마시러 자원봉사자들이 모여 있는 곳으로 가고 있는 중이다.

돌연한 서거…
"너무 슬퍼하지 마라"
|

2009년 5월 23일 새벽, 문용욱 비서관이 "대통령님께서 부엉이 바위에서 떨어지셨는데 위독하신 것 같다"며 떨리는 목소리로 전화를 했습니다. 급히 대통령이 후송된 진영읍내 세영병원으로 향했습니다. 혹시나 하는 불길한 예감이 들었습니다. 사저에 들렀다 가겠다고 연락을 했습니다. 사저에는 박은하 비서관이 먼저 와 있었습니다. 대통령께서 늘 쓰시던 거실 컴퓨터를 찾았습니다. 설마 했던 대통령님의 유서를 보는 순간 머릿속이 새하얘졌습니다.

너무 많은 사람에게 신세를 졌다.
나로 말미암아 여러 사람이 받은 고통이 너무 크다.
앞으로 받을 고통도 헤아릴 수가 없다.
여생도 남에게 짐이 될 일밖에 없다.
건강이 좋지 않아서 아무것도 할 수가 없다.

책을 읽을 수도, 글을 쓸 수도 없다.
너무 슬퍼하지 마라.
삶과 죽음이 모두 자연의 한 조각 아니겠는가.
미안해하지 마라.
누구도 원망하지 마라.
운명이다.
화장해라.
그리고 집 가까운 곳에 아주 작은 비석 하나만 남겨라.
오래된 생각이다.

유서를 출력해서 들고 급히 대통령이 계신 곳으로 향했습니다. 세영병원에서 응급조치만 하고 곧바로 양산에 있는 부산대 병원으로 가고 있는 중이었습니다. 병원에 도착해보니 이미 소식을 듣고 많은 분이 와 있었습니다. 비록 대통령을 지켜 드리진 못했지만 마지막 가시는 길만큼은 잘 모셔야 한다는 생각뿐이었습니다. 문재인 비서실장과 함께 긴박한 현장 상황에 대응해 나갔습니다. 병원에 도착한 뒤 얼마 지나지 않아 의료진이 대통령이 운명하셨다고 공식 확인해주었습니다. 문재인 실장이 기자회견을 통해 국민들에게 알리기로 했습니다. 기자회견문 초안 작성도 제 몫이었습니다. 떨리는 가슴을 간신히 쓸어내려가며 작성한 초안을 문재인 실장에게 드렸습니다.

빈소는 봉하마을에 차리기로 하고, 마을에 있던 김정호 전 비서관에게 준비를 부탁했습니다. 이후 장례기간 내내 어떻게 시간이 흘렀는지도 모르게 지나갔습니다. 저를 포함해 비서진들은 제대로 한번 울지도 못했습니다. 대통령을 끝까지 지키지 못했다는 자책 속에 그냥 속으로만 울음을 삼키며 대통령을 떠나보낼 준비를 했습니다.

'대통령 없는 봉하'를
지키는 사람들

빈소가 차려진 봉하마을에만 무려 100만 명, 전국적으로 500만 명이 넘는 국민들이 조문을 다녀갔습니다. 장례를 치르고 유언에 따라 봉하마을 집 가까운 곳에 묘역을 마련했습니다. 서거 100일 만에 안장식을 갖고 사십구재도 지냈습니다. 그러나 급하게 안장하느라 초라하기 짝이 없는 묘역을 볼 때마다 죄스럽기 짝이 없었습니다. 매일 같이 찾아오는 수많은 추모 방문객을 누군가는 맞아야만 했습니다. 대통령을 지켜내지 못한 제게 맡겨진 '운명'이자 '숙제'라고 생각했습니다. 대통령이 고향을 떠나지 않는 한 저도 당신의 고향을 떠날 수 없었습니다. 김해는 그렇게 제게 '운명의 땅'이 되었습니다.

당장 시급한 것은 묘역을 제대로 조성하는 일이었습니다. 유홍준 전 문화재청장을 비롯한 전문가들로 위원회를 만들고, 시민들이 참여할 수 있는 묘역 조성 계획을 세웠습니다. 그렇게 해서 서거하신 지 꼭 1년 되는 날 묘역 완공식을 가졌습니다. 하늘도 무심치 않았던지 그날 억수 같은 장대비가 쏟아졌습니다. 주체할 수 없이 눈물이 터져 나왔으나 그날도 혀를 깨물며 울음을 참아야만 했습니다. 묘역 내 1만 5,000개의 박석에는 전국 각지 시민들의 절절한 추모글이 새겨졌습니다. 묘역을 단장하고 1주기 추도식을 치른 뒤에야 겨우 대통령님을 뵐 낯이 생겼습니다.

대통령은 계시지 않아도 대통령의 '꿈'은 봉하에 고스란히 남았습니다. 아름답고 살기 좋은 마을을 만들고, 시민이 주인이 되는 시민 민주주의를 향한 대통령의 꿈. 결국 그 '꿈'은 살아남은 우리들의 몫이 되어버렸습니다. 우리는 신발 끈을 다시 동여맸습니다. 다행히 장례가 끝난 이후에도 봉하에는 전국 각지에서 찾아온 방문객들의 발길이 끊이지 않았습니다. 주말이면 자원봉사자들로 넘쳐났습니다.

장례식이 끝나자마자 발등에 떨어진 불이 '친환경 농사'였습니다. 대통령도 없는데 친환경 농사가 제대로 될까? 친환경 농사를 담당했던 김정호 전 비서관이 중심이 되어 불안해하는 주민들을 설득했습니다. 우여곡절 끝에 장례가 끝나자마자 모내기를 하고 논에 오리를 풀어 넣었습니다. 친환경 농사 면적은 전해에 비해 열 배 늘어난 80만 제곱미터(24만 평)나 되었습니다. 다행히 그 해 농사도 풍작이었습니다.

대통령 기념사업을 위한 준비도 시급했습니다. 우선 복원된 생가를 김해시로부터 위탁받아 관리하고 묘역 조성을 맡을 주체가 필요했습니다. 생가와 묘역의 시설 관리를 전담할 '봉하재단'부터 먼저 만들었습니다. 기념사업을 총괄할 '노무현재단'은 시간을 두고 많은 분과 충분히 논의를 거쳐 만들었습니다.

못다 핀 대통령의 '꿈', 다시 피어나다
|

2009년 가을, 대통령이 생전에 세웠던 계획인 봉하마을 친환경 쌀 방앗간이 완공되었습니다. 방앗간을 운영할 '영농법인 봉하마을'은 주민과 비서진이 공동으로 주주가 되었습니다. 그해 봉하 들판에서 생산된 쌀은 영농법인이 모두 수매했습니다. 방앗간에서 도정한 쌀을 노무현재단과 대통령의 공식 홈페이지인 '사람사는세상' 회원들이 적극적으로 사주신 덕분에 마을 주민들의 걱정을 덜 수 있었습니다. 대통령은 계시지 않아도 친환경 농사와 마을 가꾸기는 계속 된다는 믿음을 주민들에게 심어주었습니다. 그렇게 신뢰가 쌓이자 인근 마을 주민들도 친환경 농사에 참여하고 싶다는 뜻을 밝혀왔습니다.

2009년 봉하 들판 80만 제곱미터(24만 평)에서 시작한 친환경 농

대통령은 늘 자전거를 타고 봉하마을 들판과 화포천을 누비고 다녔다. 그때 대통령이 자전거로 다니던 길을 중심으로 봉하마을에는 자전거 도로를 새로 만들었다. 2008년 봉하마을은 몰려드는 방문객들로 정신없이 지내야 했던 시절이었지만, 돌아보면 인생에서 가장 행복한 시절이었다.

사는 2010년 100만 제곱미터(32만 평)로 확대되었습니다. 2011년에는 봉하마을 친환경 농사가 경남도와 김해시에서 '우수 생태농업 단지'로 지정되었습니다. 2013년에는 인근 마을까지 180여 농가, 145만 제곱미터(44만 평)로 단지가 확대되었습니다. 친환경 농법도 단순 무농약에서 화학비료를 일절 사용하지 않는 유기농으로 한 단계 올라섰습니다. 주민 소득이 증가하는 건 당연했습니다. 과거 농약을 치며 농사지을 때보다 많게는 1.5배 이상 늘었습니다. '살기 좋은 농촌 마을'을 향한 대통령의 꿈은 그렇게 영글어 갔습니다.

마을 가꾸기는 자원봉사자들이 큰 힘을 보태주었습니다. 묘역 옆의 생태 연못을 아름답게 가꾸고 산책로를 꽃길로 만들었습니다. 평소 대통령이 즐겨 찾던 봉화산에 '대통령의 길'을 만들고, 다양한 코스로 확대해 나갔습니다. 인근 화포천에도 '대통령의 길'을 열었습니다. 대통령이 계실 때 시작한 화포천 주변 생태공원화 사업이 마무리 단계에 접어들면서 생태 탐방로가 생겼습니다. 대통령이 자전거로 다니던 길을 따라 '자전거 도로'도 생겼습니다. 매년 100만 명 내외의 방문객들이 '대통령이 없는 봉하'를 찾고 있습니다. 그분들의 기대와 격려가 봉하를 지키는 사람들을 꿋꿋이 버티게 하는 힘입니다.

시민 민주주의 실현에 대한 대통령의 꿈은 노무현재단이 중심이 되어 이어가고 있습니다. 재단은 기념사업을 통해 대통령의 꿈을 현실로 만들어가고 있습니다. 봉하에 임시 기념관인 '추모의 집'을 만들어 대통령의 업적과 철학, 가치를 아직은 부족하지만 여러 자료와 사진, 영상으로 보고 느낄 수 있게 해놓았습니다. 제대로 된 '노무현 기념관'을 봉하마을에 세우기로 확정하고, 2014년부터 설계를 시작합니다. 서울에는 누구나 쉽게 이용할 수 있는 복합 문화 공간인 '노무현 센터'를 만들 예정입니다.

이밖에도 시민들과 직접 만나기 위해 노무현재단은 전국의 각 지역위원회와 함께 '노무현 시민학교'를, 한국미래발전연구원에서는 '노무현 정책학교'를 열고 있으며, 봉하마을에서도 1박 2일 '봉하 캠프' 등 다양한 프로그램을 운영 중입니다. '시민 민주주의 구현'이라는 대통령의 '꿈'은 궁극적으로 시민이 직접 해내야 할 몫입니다. 깨어 있는 시민이 스스로 대통령의 꿈을 현실로 만들어가야 할 것입니다.

3장

정치 입문,
그리고 시련과 도전

단결과 연대의 거름,
'4·27 재보선 불출마'
|

2011년 4·27 재·보궐선거를 앞두고 주변에서 출마 권유가 많았습니다. 보궐선거가 있는 김해을 선거구가 봉하마을이 있는 곳이기 때문이었습니다. 국회와 청와대에서 일하는 동안 정치권을 직간접으로 경험하면서도 제 자신이 직접 선거에 출마한다는 생각은 미처 해보지 못했습니다. 연설기획비서관으로 일할 때, 2008년 총선을 앞두고 대통령이 경남 진주에서 출마해보지 않겠냐고 권유를 한적이 있긴 했습니다. 선거에 나가는 건 전혀 생각해보지 않았고 앞으로도 그쪽에는 뜻이 없다고 말씀드리면서 난감해했던 기억이 생생합니다.

시간이 지날수록 출마 압박은 거세졌습니다. 봉하에서 함께 일하는 분들에게 어떻게 해야 할지 의견을 구했습니다. 다들 대통령의 고향이 있는 곳이니 여기는 지켜야 하지 않겠냐며 출마를 권하는 쪽이었습니다. 봉하마을에서 대통령의 뜻을 이어가는 일을 운명처럼 받아들이고 있던 저로선 참으로 난감한 상황이었습니다.

심각하게 고민하고 있던 차에 유시민 전 장관이 주도하는 국민참여당에서 대통령 농업특보를 지낸 분을 후보로 내세웠습니다. 대통령을 지지하는 분들 사이에서 의견이 둘로 나뉘었습니다. 제가 출마해야 한다는 분들과 참여당 후보가 나서야 한다는 분들 간의 갈등이 조금씩 격화되기 시작했습니다. 재단 홈페이지 게시판에서도 서로 나뉘어서 싸우기도 했습니다. 재단 후원을 끊겠다는 사람도 있었습니다.

그분이나 저나 대통령 참모를 지낸 사람으로서 서로 '내가 하겠다'고 싸우는 건 대통령님께 누가 될 것 같았습니다. 그래서 제가 양보했습니다. '화합과 연대를 위한 거름이 되겠다'며 저는 흔쾌히 불출마를 선언했습니다. 제가 나서지 않더라도 야권이 연대해 후보 단일화를 이루어내면 승산이 있겠다고 생각했기 때문입니다. 그래서 민주당과 참여당의 후보 단일화 협상이 난항에 빠졌을 때는 문재인 이사장까지 나서서 중재를 하기도 했습니다. 결국 여론조사를 통해 참여당 후보로 단일화가 이루어졌습니다.

단결과 연대의 '거름'이 되고 싶습니다

제 인생에서 가장 힘든 나날이었습니다.

김해 보궐선거를 앞두고 출마 후보로 거론돼 왔습니다.

저는 봉하를 지키고 있고, 대통령님 유업을 받드는 일을 하고 있는 사람입니다. 어떤 '정치적 결정'을 선택받는 것 자체가 결코 쉽지 않은 처지입니다. 혹여 대통령님께 누가 되지는 않을지 늘 살피고 살펴야 하는 것이 저의 운명이고 도리이기 때문입니다.

주변 분들의 출마 종용 이유는 충분히 이해할 수 있었습니다. 김해는 대통령님의 생애와 정신과 가치가 응축돼 있는 상징적 지역입니다.

퇴임 후 고향 봉하로 내려오신 이유도, '시민 민주주의 실현'과 그분의 평생소원인 '지역구도 극복'에 도움이라도 된다면 하는 간절한 소망 때문이셨습니다. 이런 지역의 선거에서 범민주진영의 단결과 연대를 통해 승리하는 것은, 그 자체로 대통령님의 가치와 정신을 구현하는 일이 될 것입니다.

주변 분들의 간곡한 출마 요청을 그저 무시할 수만은 없었던 또 다른 이유는, 제 가슴속 깊이 자리 잡고 있는 대통령님 서거 이후의 응어리입니다. 억울한 서거의 심판을 고향 김해의 시민들에게 여쭙고 싶었습니다. 특히 이명박 정부 출범 이후 역사의 역류를 지켜보면서,

최소한 노 대통령님이 이뤘던 시절의 민주화는 지켜내야 한다는 절박감을 외면할 수 없었습니다.

다만 출마를 할지 말지 또 달리 고민했던 원칙은, 연대와 단결의 정신을 얼마나 아름답게 지켜내느냐로 판단했습니다. 대통령님을 상징하는 이곳에서 대통령님을 사랑하는 사람들의 소망과 열정이 하나로 모아져야 승리도 의미가 있고, 하늘에 계신 대통령님께도 누가 되지 않을 것이라는 생각을 했습니다.

제가 출마해 대통령님을 사랑하는 사람들의 마음을 모아 하나로 단결시킬 수 있는 싸움의 불쏘시개로 쓰이길 원했습니다. 그런데 그게 아닌 것 같습니다.

대통령님이셨으면 어떻게 판단하셨을까 반문해봤습니다. 다음 총선과 대선에서 범민주진영이 꼭 승리해야 한다고 생각합니다. 그러기 위해서는 이번 선거 과정에서부터 마음이 합쳐져야 한다고 생각합니다.

누군가 나서는 게 선거입니다. 그러나 누군가 나서지 않고 의미를 살릴 수 있는 선거도 있다고 생각합니다. '꽃'이 되기보다는 단결과 연대의 '거름'이 되고 싶습니다. 그래서 이번 선거에 출마하지 않기로 했습니다.

우리 모두는 대통령님의 정신과 가치를 계승하기 위해 노력하는 사람들입니다. 작은 차이를 극복하고 똘똘 뭉치는 모습을 국민들은 원하고 있습니다. 저의 결심이 범야권 연대를 통한 선거 승리의 밑거름이 되기를 희망합니다.

2011년 2월 16일 김경수

그러나 선거 결과는 예상과 달리 충격적인 패배로 끝났습니다. 한나라당(현 새누리당) 후보인 김태호 전 경남지사가 야권 단일후보를 누르고 승리를 거머쥔 것입니다. 선거 개표 방송에서 패배가 확정되는 순간, 그동안 참았던 울음이 터져 나왔습니다. 대통령을 지키지 못한 것도 서러운데, 대통령의 고향이 있는 지역마저 지켜내지 못했다는 자책감에 얼굴을 들 수가 없었습니다.

4·27 재보선의 패배를 지켜보며, 후보만 단일화하는 방식으로는 국민들의 마음을 얻을 수 없다는 것을 뼈저리게 느꼈습니다. 어쩌면 야권이 너무 안일했는지도 모르겠습니다. 선거란 국민의 마음을 얻고 또 이를 표로 연결시켜내는 것이라고 할 수 있습니다. 민심을 얻기 위해 노력하기보다는 정당들끼리 후보만 단일화하면 국민이 지지해줄 것이라고 생각한 오만이 패배의 원인이었습니다.

4·27 재보선이 끝난 후 야권에서는 '이대로는 안 된다'는 위기감이 팽배했습니다. 야권이 크게 하나로 통합하지 않으면 공멸할 수

도 있다는 우려도 제기됐습니다. 2012년 대선을 앞두고 야권이 새롭게 혁신해서 국민들에게 신뢰를 주지 못한다면 정권교체는 무망해 보였습니다. 그래서 문재인 노무현재단 이사장을 비롯해 시민사회가 함께 야권 통합운동에 팔을 걷고 나섰습니다. '혁신과 통합'이라는 이름으로 야권 통합 추진기구를 만들고 전국을 다니며 야권 대통합의 필요성을 역설했습니다. 저도 '경남 혁신과 통합' 공동대표를 맡았습니다. 그해 가을 10·26 재보선에서 시민은 야권에 분명한 메시지를 보냈습니다. 야권이 사실상 하나로 통합되어 공동 선거운동을 했던 서울시장 선거는 승리했지만, 후보만 단일화했거나 야권이 분열해서 치른 다른 기초단체장 선거에서는 대부분 한나라당이 이겼습니다.

2011년 4월 김해을 재보선 패배의 충격은 문재인 이사장과 함께 야권 통합운동에 나서게 만들었다. 시민사회와 함께 '혁신과 통합'을 만들어 전국을 다니며 야권 대통합의 필요성을 역설했다. 2011년 8월 문재인 이사장과 함께 혁신과 통합 제안자 기자회견을 하고 있다.

'야권 통합'에
밀알이 되고자
|

10·26 재보궐 선거 때 부산 동구청장 선거도 치러졌습니다. 문재인 이사장과 함께 선거운동 지원을 나갔습니다. 선거운동을 다니면서 가장 많이 들었던 얘기는 '바꿔야 된다!'였습니다. 남녀노소 없이 만나는 주민마다 어김없이 '변화'를 얘기했습니다. 부산에서 가장 낙후된 곳, 60대 이상 어르신들의 비율이 가장 높은 곳, 대도시 부산에서 지금도 공동화장실을 사용하는 곳…. 주민들은 이 처참한 현실을 누군가 바꾸어주기를 간절히 원하고 있었습니다. 20년 이상 한나라당 시장과 구청장만 뽑았던 곳입니다. 변화를 원한다면 당연히 다른 선택을 해야 되는 곳입니다. 그런데도 선거결과는 또다시 한나라당 후보가 당선되었습니다. 도대체 이 상황을 어떻게 받아들여야 할까요? 주민들은 선거를 통해 우리에게 무엇을 말하고 싶은 것일까요?

그러면 10·26 재보선이 치러진 다른 곳은 부산 동구와 같았을까요? 아닙니다. 서울시장 선거는 분명히 달랐습니다. 시민사회와 모든 야당이 힘을 합쳐 '새로운 정치를 만들어갈 수 있는 희망'을 보여준 결과, 시민운동가 출신의 박원순 야권 단일후보가 낙승을 거두었습니다. 참신한 인물에 야권이 하나로 통합된 것처럼 공동으로 선거운동을 치른 결과였기에 승리할 수 있었던 것입니다. 반면 대다수의 다른 지역에서는 단지 기존 야당들끼리 연대해 후보만 단일화했을 뿐이었습니다. 그것으로 국민의 기대를 충족시키는 건 불가능했던 것입니다. 말하자면 변화는 원하면서도 정작 표를 줄 곳은 찾지 못했다는 얘기인 셈입니다.

결국 결론은 '혁신과 통합'으로 모아졌습니다. 시민의 새로운 정치에 대한 갈망과 기대를 담아낼 새로운 틀이 필요한데 기존 야권 정당들만의 연대만으로는 부족했습니다. 큰 틀에서 '새판 짜기'로 가야 했습니다. 서울시장 선거처럼 새판을 짜서 내놓으면 표를 주겠다, 시민들과 함께 야권 정당들이 모두 모여 '새로운 미래'를 얘기할 수 있는 그런 '새판'이 절실했습니다. 시민들은 기존 정당들이 자기들끼리 북 치고 장구 치고 해서 내놓은 단일후보로는 성에 차지 않는다는 걸 투표율과 선거결과로 명백히 보여준 것입니다.

여기서 '새판'은 두 방안을 말합니다. 하나는 시민과 함께하는 정치판을 짜라는 것, 또 하나는 후보 단일화를 위한 기존 정당들 간의 연대가 아니라 아예 통 크게 통합하는 새판을 짜라는 것입니다. 기존 민주-진보정당들이 시민들과 함께 만드는 새로운 판, 그런 판이 짜져야 지지를 보내겠다는 것이었습니다. 게다가 단지 선거뿐만 아니라 선거 이후의 시정과 국정운영도 책임지고 함께 해나갈 수 있는 그런 새판을 짜면 발 벗고 나서서 도와주겠다는 것이었습니다. 해답은 명확했습니다. 시민들의 힘을 믿고, 시민들과 함께, 새로운 대한민국을 만들어나갈 '새판 짜기'를 하는 것이었습니다.

10·26 재보선 결과의 교훈을 가지고, 문재인 이사장과 시민사회가 중심이 되어 만든 '혁신과 통합'은 민주당을 비롯한 야당들과 크게 하나 되는 '대통합'을 추진해 나갔습니다. 그러나 야권 대통합은 끝내 이루지 못했습니다. 민주노동당과 국민참여당 등 일부 야권 정당이 통합진보당을 만들고, 민주당과의 대통합을 거부한 것입니다. 결국 통합은 민주당, 혁신과 통합, 한국노총과 시민정치운동단체들이 모여 '민주통합당'을 만드는 '소(小)통합'에 그치고 말았습니다.

혁신과 통합을 기치로 내걸었던 야권 대통합 운동이 절반의 성공에 그친 점은 두고두고 아쉬운 일로 남았습니다. 야권 대통합이 성공하지 못한 후과는 이듬해 총선과 대선 결과에도 적지 않은 영향을 미쳤기 때문입니다. 통합된 단일 야당으로 총선과 대선을 치렀다면 선거의 양상과 결과는 지금과는 크게 달라졌을 것입니다.

'김해 지킴이' 되려
4·11 총선 출마

|

2011년 겨울 야권 통합이 마무리될 즈음 이듬해 4·11 총선 김해을 출마를 놓고 다시 고민이 시작되었습니다. 여러 분들과 논의 끝에 결론은 출마로 가닥이 잡혔습니다. 4·11 총선을 통해 대통령의 고향이자 민주주의의 보루인 김해를 다시 지키고 살려내야 한다는 것이었습니다. 반칙과 특권을 용납하는 도시가 아니라, 다시 상식과 원칙이 살아 숨쉬는 '사람사는세상'으로 김해를 만들어야 했습니다. '내가 아니면 안 된다'가 아니라 '내 작은 힘이라도 보태야 한다'고 생각했습니다. 대통령이 고향에서 끝내 이루지 못한 꿈을 이어가기 위해서는 깨어 있는 시민의 힘을 하나로 모아내야만 했습니다. 또 대통령이 꿈꾸던 고향 김해의 미래를 위해 크고 작은 힘을 모아낼 수 있다면 출마가 아니라 더한 일도 해내야 했습니다.

2012년 1월 1일 새해 첫날, 저는 대통령 묘역에서 '대통령님께 드리는 글'을 통해 출마를 선언했습니다. 당시 이명박 정부의 역사적 퇴행과 민주·복지·평화의 후퇴를 바로잡는 유일한 해법은 정권교체라고 판단했습니다. 정권교체 없이는 지역발전도 기대할 수 없었습니다. 이명박 정권은 부자감세에다 4대강 사업에 예산을 쏟아붓는 바람에 지방은 예산 부족으로 허덕이고 있었습니다. 이명박 정부의 역주행을 바로잡기 위해서는 2012년을 기필코 '정권교체의 해'로 만들어야만 했습니다.

[출마선언문 – 대통령님께 드리는 글]

가르쳐주신 대로 하겠습니다
배운 대로 하겠습니다

대통령님, 다시 새해가 밝았습니다.
당신이 가시고 벌써 세 번째 맞는 새해 첫날입니다.

적지 않은 시간이 흘렀지만 저는 여전히 당신 곁에 서 있습니다.
세월도 당신에 대한 그리움을 지우지는 못하나봅니다.

이곳 봉하를 지키며 당신이 거닐던 발자국을 따라 걷던 제가
이제 잠시 당신 곁을 비우려 합니다.
새롭게 일어서기 위해서입니다.

지난 4월의 뼈아픈 패배는 참으로 견디기 힘들었습니다.
당신을 끝까지 지켜드리지 못했던 제가,
결국 당신의 고향마저 지켜내지 못한 사람이 되고 말았습니다.
면목이 없었습니다.

4월의 패배가 매서운 회초리가 되었습니다.
야권이 온전히 하나 되지 않으면, 스스로 변화하지 않으면
결코 국민의 마음을 얻을 수 없다는 값진 교훈이 되었습니다.

4월의 패배가 통합의 밑거름이 되었습니다.
'이대로는 안 된다'는 위기감이 하나 되는 길을 만들기 시작했고
통합과 혁신을 통해 새 정치에 대한 희망을 키우기 시작했습니다.

저도 그 길에 나란히 섰습니다.
그 길만이 당신의 고향 김해를 지키고
부산 경남의 운명을 바꾸고
나아가 대한민국을 변화시킬 수 있는 길이라 생각했습니다.

4월 총선, 너무 중요합니다.
당신의 마지막 비서관이었던 제가,
봉하를 지키는 '봉하 지킴이'에서
당신의 고향 김해를 지키는 '김해 지킴이'가 되려 합니다.

김해는 거센 지역주의 바람 앞에서도
한나라당의 싹쓸이를 막아냈던 '민주정치의 보루'였습니다.

바로 그 김해에서 '시민정치의 시대'를 열어가려 합니다.
당신이 그토록 염원하던 '사람사는세상'을 만들어가려 합니다.

원칙과 상식을 갖고 성실하게 살아가는 사람들이 성공하는
공정하고 투명한 사회를 만들고 싶습니다.
무한경쟁 속에서 1등만 살아남는 1퍼센트 사회가 아니라,
협력과 연대를 통해 함께 성장하는 99퍼센트 사회를 만들고 싶습니다.

이명박 정부 들어 파탄난 민주와 복지, 평화를 복원시켜
진정 새로운 대한민국을 만들고 싶습니다.

당신이 가르쳐주신 대로, 배운 대로 하겠습니다.
눈앞의 이익이 아니라 멀리 보고 크게 보며 가겠습니다.
늘 시민과 함께, 시민 속에 있겠습니다.

반드시 이기겠습니다.
반드시 이겨서 시민의 가슴에 희망의 바람을 선물하겠습니다.
부산 경남에 새로운 바람이 불게 하겠습니다.

대통령님,
당신의 마지막 비서관이 당당하게 세상을 헤쳐 나가는 모습을
멀리서나마 지켜봐주십시오.

꼭 이기고 돌아오겠습니다.
고맙습니다.

2012년 새해 첫날
대통령님의 마지막 비서관
김경수 드림

2012년 봉하마을이 있는 김해을 지역에서 민주통합당 후보로 출마했다. 대통령의 고향을 지키고 뜻을 이어가기 위한 일로 여기고 나갔으나, 경남도지사를 지낸 김태호 후보에게 근소한 차이로 고배를 마셨다. 비 오는 날 차량으로 출근하는 시민들에게 인사하고 있다.

처음 치른 선거,
아쉬운 패배

|

　선거전에 뛰어들자마자 부딪친 첫 번째 관문은 시민들이 김경수가 누군지를 잘 모른다는 것이었습니다. 가서 인사를 드리면 처음에는 "니 누고?(넌 누구냐?)" 하는 눈빛으로 빤히 쳐다보기 일쑤였습니다. 명함에 '노무현 대통령 마지막 비서관'이라고 새겨서 새벽부터 밤까지 시민을 만나기 위해 뛰어다녀야 했습니다. 상대가 경남도지사를 지낸 경력에다 보궐선거를 치른 지 1년도 안 된 김태호 의원이라 처음부터 만만치 않은 선거였습니다. 그래도 다행히 선거 초반 여론조사는 나쁘지 않았습니다. 선거운동 기간 내내 자원봉사자들이 큰 힘이 되었습니다. 모두들 대통령의 고향만큼은 꼭 지켜야 한다는 마음으로 제 일처럼 나서서 뛰어주었습니다.

　시민은 힘들고 어려운 세상살이를 조금이라도 바꿔줄 수 있는 정치를 기대하고 있었습니다. '변화'에 대한 기대감은 곳곳에서 감지되었습니다. 시간이 지나면서 저를 알아보는 분들이 점차 늘어나기 시작했습니다. 아울러 지역 현안도 꼼꼼히 챙겼습니다. 지방자치단체의 예산 부족이 가장 큰 문제였습니다. 부자감세와 4대강 사업이 가장 큰 원인이었습니다. 특히 김해시는 민자로 건설한 경전철이 애물단지가 되고 있었습니다. 이용객 예상을 잘못하는 바람에, 매년 수백억 원의 예산을 민간회사에 손해보전을 위해 지원해야 하는 처지가 되어 있었습니다. 그 외에도 임대아파트 분양 문제, 난개발 문제, 교육 복지시설의 부족 등 산적한 현안들이 쌓여 있는 곳이 김해였습니다. 시민에게 배워가면서 선거운동을 해나갔습니다.

민주당 후보가 되는 과정에서 경선을 받아들였습니다. 중앙당에서는 상대후보와 여론조사 결과 차이가 많이 나기 때문에 경선 없이 전략공천이 가능하다고 알려왔습니다. 상대후보는 지역에서 민주당을 위해 오랫동안 활동해오신 분이었고, 경선을 희망하고 있었습니다. 그런 분에게 경선의 기회조차 드리지 않는 것은 맞지 않다고 생각했습니다. 더구나 그분을 지지하는 민주당원들이 적지 않았습니다. 그들과 함께하기 위해서는 경선을 통해 하나가 되는 과정이 필요했습니다. 선거 캠프 참모들의 강력한 반대에도 불구하고 결국 경선을 받아들였습니다.

처음 나간 선거, 김해시민은 김경수가 누구인지 거의 모르는 상황이었다. 새벽부터 밤늦
게까지 발로 뛰면서 극복하는 수밖에 없었다. 뒤늦게 뛰어든 선거의 한계를 넘지 못하고
아쉽게 낙선의 고배를 마셔야 했다. 선거가 끝난 뒤 낙선 현수막에 이렇게 적었다. "고맙
습니다. 김해를 끝까지 지키겠습니다"

그렇게 치른 경선에서 최종적으로 제가 후보로 선출되었습니다. 그러나 당초 목표했던 상대후보 진영과의 공동 선거운동은 이루어지지 못했습니다. 경선이 끝나자마자 검찰이 상대후보를 사전선거운동 혐의로 구속시켰고, 그분의 선거운동을 도왔던 분들을 모조리 검찰로 불러 조사하는 일이 벌어졌습니다. 경선에서 탈락한 후보를 검찰이 구속시키는 것은 드문 일이었습니다. 영남 지역에서 선거를 치른다는 것이 얼마나 힘든 일인지 실감하지 않을 수 없었습니다.

선거일을 일주일 앞두고 언론에 발표된 마지막 여론조사는 언론사별로 결과가 천양지차였습니다. 같은 시기에 동시에 진행한 여론조사 결과라고 믿을 수 없을 정도였습니다. 제가 앞서는 여론조사가 있는가 하면 큰 격차로 뒤지는 여론조사도 있었습니다. 선거결과는 한치 앞을 예측하기 어려운 상황이었습니다. 마지막까지 최선을 다하는 수밖에 없었습니다.

선거결과는 패배였습니다. 48퍼센트 득표율로 낙선의 고배를 마셔야 했습니다. 선거 과정도 힘들었지만, 대통령의 고향을 또다시 지키지 못했다는 사실 때문에 더 힘들었습니다. 준비 없이 뛰어든 선거, 시민의 냉정한 평가를 피해갈 수 없었습니다. 낙선 인사를 디니는 동안 제 손을 잡고 울음을 터뜨리는 시민에게 너무 죄송스러웠습니다. "김해를 끝까지 지켜달라"는 그분들의 요구를 차마 거절하기가 어려웠습니다. '김해를 끝까지 지키겠습니다'는 약속을 담아 현수막을 내걸었습니다.

두 번째 지켜본
대선 후보 단일화

패배의 상처가 채 아물기도 전에 대선 후보로 나선 문재인 이사장을 돕기 위해 서울로 갔습니다. 민주당 경선 과정에서는 문재인 후보의 공보특보를 맡아 사실상의 대변인 역할을 해야 했습니다. 경선 승리로 민주당 후보가 된 뒤, 선대위를 꾸리는 과정에서 소위 '친노 9인방'의 백의종군 선언이 있었습니다. 당내의 뿌리 깊은 친노·비노 대결 구도를 깨고, 모든 세력이 화합할 수 있는 '용광로' 선대위를 꾸릴 수 있도록 하기 위한 결단이었습니다. 저도 함께 백의종군 선언을 해야 했지만 후보를 수행할 사람 한 사람은 남겨야 하지 않느냐는 현실적인 이유로 선언에서는 빠졌습니다. 그날로 문재인 후보의 수행팀장이 되어 대선을 치렀습니다.

이번 대선에서 가장 기억에 남는 것은 무엇보다 안철수 후보와

2012년 대선에서 문재인 후보의 공보특보와 수행팀장을 맡아 선거운동을 도왔다. 바쁜 선거운동 기간에 잠시 짬을 내 임옥상 화백의 전시회에 들렀다. 임 화백은 노무현 대통령의 묘역을 설계할 때 바닥돌의 디자인을 맡아주었고, 봉하마을 노무현 대통령 추모의 집에도 조각품과 추모 리본으로 만든 작품이 있다.

의 단일화였습니다. 2002년 노무현-정몽준 후보 단일화 협상 당시 실무 간사로 참여한 데 이어, 이번에는 수행팀장으로 단일화 전 과정을 후보 바로 곁에서 지켜볼 수 있었습니다. 역사상 두 번 있었던 대선 후보 단일화 과정을 두 번 다 생생히 지켜볼 수 있었다는 것만으로도 독특한 경험이 아닐 수 없었습니다.

이번에도 2002년과 마찬가지로 후보 등록일 직전까지 단일화 협상은 계속되었습니다. 그러나 이번에는 끝내 경선을 치르지 못한 채 안 후보의 사퇴 결단으로 단일화가 이루어졌습니다. 안타까운 일이었습니다. 나중에 확인해보니 언제까지 경선 방식에 대한 합의를 끝내야 하는지 그 마감 시한에 대한 양측의 판단이 달랐습니다. 문 후보는 그날 밤 안 후보와 마지막으로 직접 협상할 기회가 남아 있다고 보았습니다. 안 후보를 만나면 마지막 남은 쟁점은 모두 양보해서라도 협상을 타결 짓겠다고 생각하고 있었습니다. 반면 안 후보 측은 그날 오후 이인영-박선숙 두 특사 간의 합의가 결렬되는 순간, 경선을 통한 단일화는 불가능하다고 판단했다고 합니다. 결국 스스로 사퇴하는 것 이외에는 단일화를 위한 다른 방법이 없다고 판단하고 대승적인 결단을 한 것입니다. 어떻게든 경선이 이루어졌더라면 하는 아쉬움이 남는 단일화였습니다. 문 후보도 안 후보가 사퇴하기 전에 좀더 일찍 결단을 내리지 못한 것을 후회한다고 밝힌 바 있습니다.

단일화가 매끄럽지 못하게 끝난 더 근본적인 원인은 두 후보 진영 간의 불신이었습니다. 문 후보와 안 후보는 서로에 대해 상당한 호감과 신뢰를 가지고 단일화에 임했습니다. 그러나 협상 과정에서 벌어진 논란과 오해들로 인해 양측의 신뢰는 시간이 지날수록 금이 가기 시작했습니다. TV 토론 과정에서도 그 일단이 드러나기도 했습니다. 결국 마지막까지 해소되지 못한 서로에 대한 불신이 '아름다운 경선을 통한 단일화'를 이루지 못한 결정적인 원인이 되었습니다. 문 후보는 마지막 특사들 간의 협상이 결렬된 후 그날 밤 후보들끼리 최종 협상이 있을 것으로 생각하고 있었기에, 안 후보의 사퇴를 전혀 예상하지 못했습니다. 안 후보 측은 마지막 특사들 간의 협상이 결렬되자 문 후보가 단일화의 의지가 없는 것으로 받아들였다고 합니다. 지금 생각해도 참으로 안타까운 순간이었습니다.

이번 대선의 기회와 위기는 모두 후보 단일화에서 시작되었습니다. 안철수 후보와의 단일화가 있었기에 기성 정치에 등을 돌리고 있던 유권자들의 지지를 이끌어내고 대선 승리의 가능성을 높인 것은 분명한 사실입니다. 반면 단일화 이슈가 블랙홀처럼 모든 것을 빨아들이는 바람에 정작 국민들에게 전달해야 할 중요한 정책이나 메시지가 묻혀버린 것도 사실이었습니다. 문 후보가 '탈핵'이나 '50대를 위한 대책' 같은 중요한 정책을 발표해도 모든 언론은 '단일화' 외에는 큰 관심도 기울이지 않았고, 제대로 보도하지도 않았습니다. 답답하지만 뚜렷한 해결책도 없는 상황이었습니다.

두 번의 대선 후보 단일화 과정을 지켜본 뒤 제가 내린 결론은 이런 방식의 후보 단일화는 이제 유효기간이 만료되었다는 것입니다. 단일화 협상을 일찍 시작해도 막판까지 협상이 타결되기는 어렵습니다. 조금이라도 자기 후보에게 유리한 방식을 만들기 위해 줄다리기를 하게 되고, 결국 마지막엔 시간에 쫓겨 여론조사를 하는 것 이외에는 다른 방법이 없어지게 됩니다. 여론조사는 결국 질문을 어떤 방식으로 하느냐에 따라 유불리가 확연히 드러나는 경우가 대부분입니다. 협상단에 전권을 위임해도 자기 후보에게 불리한 조항을 합의하기가 어려울 수밖에 없습니다. 마지막에는 후보들이 최종 결단을 해야 하는 상황까지 내몰리게 되는 것입니다.

한 나라의 지도자를 뽑는 대선에서 야권의 단일 후보를 막판 여론조사를 통해 선택하는 것이 적절하지 않다는 것은 두 번의 단일화를 통해 명백히 확인되었습니다. 이런 일이 되풀이되지 않기 위해서는 '결선 투표제'의 도입 같은 제도적 개선책이 필수적입니다.

여당이든 야당이든 선거를 통해 국민들의 선택으로 단일화가 이루어지는 것이 바람직합니다. 그래야 대선 과정이 국민의 삶의 문제를 해결하기 위한 정책 중심의 선거가 될 수 있고, 선거 결과에 대해 국민이 마음으로 승복할 수 있는 여지가 넓어질 수 있기 때문입니다.

결선 투표제 도입이 어려워질 경우, 지금과 같이 보수 진영은 하나의 당으로 뭉쳐 있고 진보 진영은 분열되어 있는 정치 구도를 근본적으로 바꾸어야 합니다. 현재의 대통령제가 유지되는 상황에서 보수 진영이 진보와 같이 여러 개의 정치집단으로 분화될 가능성은 별로 없을 것입니다. 진보 진영만 분열되어 있는 현 상태로는 보수 진영에 일방적으로 유리한 '기울어진 운동장'을 극복할 수 없습니다. 결국 진보 진영도 어떤 형태로든 '대통합'을 해야만 여야 간에 힘의 균형을 맞출 수 있을 것입니다. 2011년 미완으로 끝난 '혁신과 통합'의 문제제기는 여전히 유효하다고 할 것입니다.

더 근본적으로는 대통령에게 과도하게 권력이 집중되어 있는 현재의 권력구조를 개편하는 방향으로 가야 합니다. 지금과 같은 제왕적 대통령제 하에서는 정치적으로 첨예한 대립과 갈등이 일상화될 가능성이 높습니다. 이로 인해 사회적인 타협이나 합의를 통해 추진해야 할 중요한 국가 정책이 표류하거나 시기를 놓치는 경우가 비일비재합니다. 또한 국민의 요구와 이해관계가 다양해지는 현대의 추세를 제대로 반영할 수 있으려면 정당도 여야 모두 다양하게 분화되는 것이 바람직할 수도 있습니다. 그런 추세를 담아낼 수 있는 권력구조에 대한 논의가 필요합니다. 당면해서는 대통령에게 집중된 권력을 분산시킬 수 있는 권력구조를 선택하고, 장기적으로는 국민의 다양한 이해관계를 담아내는 데 효율적인 내각제로의 개편을 논의하는 단계적 접근도 가능할 것입니다. 대한민국의 미래를 내다보는 정치권의 지혜로운 대응이 꼭 필요한 시기입니다.

봉하마을,
그리고 새로운 시작

|

대선은 아쉬운 패배로 결말이 났습니다. 국정원을 비롯한 국가 기관의 대선 개입 정황이 속속 밝혀졌지만, 대선 결과를 뒤집을 수는 없는 노릇이었습니다. 다시는 이런 일이 되풀이되지 않도록 하는 일이 더 중요한 과제임에도 정부와 여당은 사건을 축소하고 은폐하기에 급급합니다. 손바닥으로 하늘을 가릴 수는 없습니다. 정부 여당이 지금과 같은 행태를 계속한다면, 민심은 언젠가 거센 파도가 되어 그들을 심판하고 대한민국의 민주주의를 한 단계 앞으로 진전시켜 갈 것입니다.

아쉬운 대선 패배를 뒤로하고 다시 김해 봉하마을로 왔습니다. 봉하에 심은 대통령의 꿈을 실현시키는 일은 평생 함께 가야 할 저의 운명입니다. 봉하는 그동안 수많은 사람의 노력 덕분에 어느 정도 틀을 잡아가고 있습니다. 이제는 봉하를 뛰어넘어 지방과 수도 권이 골고루 잘사는 대한민국을 꿈꾸었던 대통령의 뜻을 실현시키는 것이 새로운 과제가 되고 있습니다.

지방이 살아야 대한민국이 앞으로 나아갈 수 있습니다. '균형' 없이는 성장도 없습니다. 이명박 정부의 부자감세와 4대강 사업으로 지역 균형발전이 뒷걸음질 쳐버렸습니다. 이를 막아야 할 지방정부들은 정치적 논리에 빠져 두 손 놓고 있었습니다. 중앙 정치와 수도권의 논리로는 지방을 살릴 수 없습니다. 이제 지역 주민 스스로 지방을 살리기 위해 나서야 합니다. 그것이 대한민국을 살리는 길입니다.

봉하마을이 있는 김해를 지키고, 나아가 지방을 살려서 대한민국을 균형 있게 발전시키는 일, 우리가 함께 풀어가야 할 숙제입니다. 그 길 위에 수많은 새로운 시작이 우리를 기다리고 있습니다.

2

김경수가 '소통하는 세상'

1장

미안하고 고맙습니다

− 팬카페에 올린 글모음

감사와 난감함, 그리고 '사람사는세상'
2008.4.13.

안녕하세요? 인사가 늦었습니다.

지난 월요일 일산 집에 갔더니 아이들이 카페를 보여주더군요. 일주일에 한 번, 그것도 채 30분밖에 못 만나는 불량 아빠임에도 카페를 보여주는 아이들의 얼굴에는 아빠를 자랑스러워하는 기색이 역력했습니다. 거 참, 무척 난감해지더군요. 제 팬카페라니…. 몸에 맞지 않은 옷을 입은 듯 어색하기만 한데 녀석들은 그런 아빠의 심정은 아랑곳없이 '아빠 최고'를 연발했습니다.

우선 난감함을 잠시 밀쳐두고, 불량 아빠를 최고 아빠로 만들어주신 카페 회원 여러분께 진심으로 감사의 인사를 전합니다. 여러분들의 관심과 애정이 대통령님에 대한 존경과 사랑에서 비롯된 것임을 모르지 않습니다.

지난 며칠 동안 앞으로 이 카페에서 내가 어떻게 해야 하나, 적잖이 고민이 되지 않을 수 없었습니다. 더군다나 이번 주 중으로 인사를 드리겠다고 떡하니 약속은 해놓았지만 시간이 지나도 어색함과 난감함은 그대로인데….

한참을 고민하다 그냥 편하게 마음을 먹기로 했습니다. 사실 제가 딱히 뭘 보여줄 것이 있는 것도 아니고(웬만한 제 생활은 봉하사진관을 통해 이미 다 공개되고 있고 ^^) 결국 제가 여러분과 함께 나눌 수 있는 공감대는 '봉하마을과 노짱'이 아닐까 하는 생각이 들었습니다. 제가 이곳에서 생활하면서 느끼는 감동과 깨달음, 때로는 힘겨운 고민들까지….

봉하마을에서는 매일매일이 새롭기만 합니다. 책상물림 출신인 제가 어제는 감나무 가지치기에 대해 대통령님께 현장 강의를 듣고, 오늘은 화포천에 나가 억새밭에 불을 놓고, 불법으로 쳐진 그물에 걸린 팔뚝만 한 잉어들을 낑낑거리며 다시 풀어주고…. '쑥대밭'의 쑥대가 봄날 논둑에서 캐던 쑥이 자라서 된 것이라는 사실도 이곳 봉하마을의 논둑을 뒤덮은 쑥대를 보면서 처음 알게 된 사실입니다.

봉하마을, 나아가 우리가 살아가고 있는 이 사회 전체를 '사람사는

세상'으로 만들고 싶어 하는 대통령님의 비전과 희망이 때로는 우리 비서진들의 힘에 버거워 헉헉대는 날도 적지 않습니다. 거기에다 주말이면 하루 만 명 이상 찾아오는 봉하마을 방문객들까지⋯. 맘은 편하지만 몸은 고단하다 못해 매일매일 파김치가 되는 것이 봉하마을의 생활입니다. 이 카페에서 여러분과 그 모든 것을 조금씩이라도 나누어 가질 수 있으면 좋겠습니다.

우리 집 왕비마마와 두 장난꾸러기를 가끔 뜻하지 않은 모습으로 카페를 통해 만날 수 있게 해준 미미님께 다시 한 번 진심으로 감사드립니다. 동찬이와 지호는 이 카페 덕분에 컴퓨터가 게임만 하는 도구가 아님을 새롭게 깨달아가고 있는 것 같습니다. 회원 여러분의 덕분입니다.

여기도 또 하나의 작은 '사람사는세상'이 되었으면 좋겠습니다.

– 봉하마을에서 김경수 드림

바쁘다는 핑계로 제대로 된 가족사진 하나 찍어본 적 없다는 것이 아내는 늘 불만이었다. 2012년 총선에 출마하면서 가족사진을 원 없이 찍었다. 선거가 준 뜻하지 않은 선물인 셈이었다.

휴가(?) 잘 다녀오겠습니다

2008.4.14.

안녕하세요. 회원 여러분!

첫 글 올리고 나니 10년 묵은 체증이 가라앉은 듯하네요. 역시 시
작이 어렵군요. 지금은 새벽 3시입니다. 아침이 되면 대통령께서는
휴가를 떠나십니다. 휴가 떠나기 전에 밀린 일들 처리하다보니 이
렇게 늦어져 버렸네요. 회원님들이 궁금해하는 것 같아 간단히 몇
자 적어 보았습니다.

#1. 휴가

이번 휴가는 지난 한 달 반 동안 매일같이 들이닥치는 방문객들을
맞느라 하루도 쉬지 못한 대통령님의 누적된 피로, 지친 심신을 달

래기 위한 불가피한 선택이었습니다. 물론 저도 같이 갑니다. 봉하 마을 비서진들 중 약 절반 정도가 함께 갑니다. 함께 가지 않는 이 호철 수석과 김정호 비서관(봉하찍사 3, 농사 담당)은 봉하마을에 남 아 마을 주민과 친환경 농업을 위한 오리농법 우수지역인 충남 홍 성에 견학을 다녀올 예정입니다.

청와대 있을 때도 그랬지만 대통령의 휴가는 비서진에겐 '장소가 바뀐 업무의 연장'입니다. 하나에서 열까지 일일이 다 준비해서 가 야 하니까 오히려 일이 더 많아지는 셈이죠.ㅜㅜ 그렇지만 업무의 연장이라 하더라도 낯선 곳을 여행하는 즐거움은 결코 만만치 않습 니다.

휴가를 어디로 가시는지 묻는 분들이 많습니다. 장소는 철저히 비 공개로 하기로 했습니다. 장소가 공개되는 순간, 대통령님의 휴가 는 휴가가 되기 어려워지지 않겠습니까? 다만, 대한민국을 벗어나 지는 않을 예정입니다.^^;;

#2. 메모

청와대 재직 시 마지막 직함이었던 연설기획비서관의 주요 업무 중 하나가 '기록'이었습니다. 지금은 공보담당을 맡고 있어 역시 대통령의 말씀과 행사 내용을 '기록'하는 것이 주요한 업무 중의 하나입니다. 그러다보니 파란 수첩과 함께 제 필수품의 주요 항목에는 항상 소형 녹음기가 들어 있습니다. 주요한 대통령 말씀은 대부분 녹음을 하고, 공개 시에는 파란 수첩의 메모 내용을 녹음과 대조하는 과정을 필히 거치게 됩니다.

봉하사진관 댓글을 보면 제 메모 능력이 뛰어난 것으로 오해하시는 회원들이 적지 않은 것 같더군요.

지난 4월 9일 선거일에 봉하마을을 찾은 초등학교 학생들과 나눈 문답 내용을 봉하사진관 댓글에 올린 적이 있습니다. 이미 많은 분이 보셨겠지만 최근 대통령의 생각이 잘 드러나 있는 문답이라 그래도 혹시 못 보신 분들을 위해 소개합니다. 부산과 양산의 초등학생들이었는데 현장답사 프로그램에 따라 봉하마을을 방문한 학생들이었습니다.

댓글 1

오늘 따라 일찍 초등학생들이 봉하마을을 찾았습니다. 방문객들도 별로 없는 시간이라 대통령님과 꽤 긴 시간 동안 재미있는 문답을 나누었습니다. 초등학생들의 질문이 예사롭지 않네요.

학생　전교 어린이 회장 해본 적 있으신가요?
대통령　초등학교 6학년 때 전교 어린이 회장을 했어요.

학생　저도 이번 전교 어린이 부회장 선거에 나가서 떨어졌는데….
대통령　나는 시험도 합격한 것보다는 떨어진 게 더 많고, 선거도 당선된 것보다는 떨어진 선거가 더 많아요. 선거에 나서면 항상 떨어질 수 있다는 각오를 해야죠.
　　　　정치하는 사람들이 욕을 많이 먹지만 나는 정치하는 사람들을 존경해요. 왜냐하면 보통사람들은 떨어질까봐 도전할 수 없는 일을 정치인들은 각오하고 하거든요.
　　　　선거에 아무도 안 나오면 어떻게 될 것 같아요?
학생들　나라가 망해요.
대통령　나라 정치가 성립될 수 없겠죠? 선거에 많이 나온다고 흉을 보지만 아무도 선거에 안 나오면 아주 곤란하게 돼요.

학생　지금의 이명박 대통령에 대해서는 어떻게 생각해요?
대통령　이렇게 보면 되지요. 정당이 다른 사람이니까 의견을 달리 하는 것이 많아요. 그렇지만 선거에서 승리하고 당선된 사람이니까 우리가 다 함께 존중해야 되지 않겠어요? 그

144

분은 대통령이에요. 대통령으로서 우리가 존중하고, 대우할 것은 대우하고, 따를 것은 따르고…. 또 대통령이 하는 일도 옳지 않으면 옳지 않다고 말할 수 있고 그렇게 하는 것이죠. 그런데 옳지 않다고 비판할 때는 다른 대안이 무엇인지 생각하고 비판해야 하거든요. 나라면 어떻게 다르게 할 수 있을까? 그런 방법을 깊이 생각하고 비판해야 하는 것이죠. 보통은 경쟁자니까, 미우니까 그냥 욕하고. 욕하는 것도 국민들 재미지요. 국민들 재미니까 욕도 더러 하지만 그래도 비판하는 사람 중에 책임 있게 비판해야 하는 사람들이 있거든요. 정치를 하는 사람들은 책임 있게 비판해야 하고, 방송이나 신문에 보도를 해야 하는 사람들도 책임 있게 비판해야 하고…. 1년 전에 비판했던 것과 1년 후에 비판하는 것이 일관되어야 해요.

여러분은 욕도 하지 말고 비판도 하지 말고 어른들이 어떻게 하나 지켜보고 생각해보고 배우고, 끊임없이 나라면 어떻게 할까 생각해봐요. 그러면 여러분도 생각이 자라겠죠. 사람들의 생각이 깊어지고 크게 자라면 그때 사회가 발전하는 것이죠.

오늘 아침 봉하마을에는 '노무현과 함께하는 작은 정치학교'가 열렸습니다.

2008.4.9.

댓글 2

아침 초등학생들과의 문답 추가 내용입니다.

학생 이소연 씨가 우주로 갔는데 느낌은 어땠나요?

대통령 좋죠. 그것은 한국에서도 우주로 사람을 보낼 수 있다는 것,
그런 점에서 좀 늦긴 하지만 기분이 좋죠. 또 우주로 가는
것은 미지의 세계, 새로운 세계에 대한 도전이지요. 그래서
사회적으로 봐서도 도전이고, 개인으로 봐서도 도전 아니겠
어요? 그런 끊임없는 도전을 통해 개인도 성장하고 또 개인
의 성장 결과가 이 사회 성장에 도움이 되고 그렇지 않겠어
요? 무슨 일이든 도전하세요.

학생 맨 처음에는 무섭게 그런 분인 줄 알았는데, 직접 보니까 링
컨 대통령처럼 옆집 아저씨 같고 대화 나누기가 참 편해요.

대통령 야 하하…. 만만찮은데 오늘….

요즘 학생들 만만치 않네요, 정말. ㅎㅎ
(KBS 2TV 〈시사투나잇〉에서 촬영을 나왔더군요. 내일 밤늦게 방영한답니다.)

2008.4.9.

KBS 2TV의 심야프로그램인 〈시사투나잇〉에는 4월 10일 밤에 방
영되었습니다.

146

이제 잠시 눈을 붙였다가 일어나 휴가 떠날 채비를 해야 할 것 같습니다. 아무래도 미미님과 운영자님들, 그리고 회원 여러분께는 휴가를 다녀온 뒤에 다시 인사를 드려야 될 듯싶습니다.

휴가(?) 잘 다녀오겠습니다.

— 봉하마을에서 김경수 드림

1박 2일 여행기, 그리고 노짱과의 인연
2008.4.24.

오늘은 하루 종일 비가 오락가락하는군요. 봉하마을에서는 비 오는 날을 다들 좋아합니다. 왜냐하면 비 오는 날은 '농사일'을 쉬기 때문입니다. 이미 심어놓은 장군차나 매화, 산수유, 산벚나무 등 옮겨 심은 나무들에게 봄비는 생명수와 같습니다. 우리 봉하마을 일꾼들에게도 봄비는 또 다른 '생명수' 역할을 하는 셈입니다.

지난주는 휴가(?) 다녀오자마자 광주로, 담양으로, 함평으로 강행군이 이어졌습니다. 금요일(4월 18일) 봉하마을로 돌아왔다가 일요일(4월 20일) 오전 일찍 광주로 출발, 오전에는 노씨종친회의 대제(大祭) 행사에 참석하시고 오후에는 망월동 국립묘지를 참배하셨습니다. 종친회 행사는 재임 중에 참석 요청을 받고 퇴임하면 한 번 가시겠다고 약속을 하신 행사였습니다. '황룡포' 입으신 모습이 단연 압권이었습니다.

망월동 5·18 국립묘지는 아무래도 5월에 다시 광주를 찾기 어려우실 것 같아 미리 들르신 것입니다. 입구에서 방명록에 '강물처럼'이라는 글귀를 남기셨습니다. 굽이쳐 흐르는 강물은 '우공이산'만큼이나 대통령님께서 좋아하시고 자주 인용하는 대상입니다. 강물은 때로 거꾸로 흐르는 것처럼 보일 정도로 굽이굽이 돌아 흐르지만 결국은 바다로 나아갑니다. 지금은 흐르는 강물처럼 작은 일에 일희일비 하지 말고 길게 멀리 보고 가야 할 때…. '강물처럼' 네 글자 속에 망월동에 잠들어 있는 민주영령과 대통령이 나누는 많은 대화가 담겨 있었습니다.

그날은 담양에 있는 한 리조트에서 여장을 풀었습니다. 수목원이 잘 가꾸어져 있는 곳으로 재임 중에도 한 번 다녀가신 적이 있는 곳입니다. 여간해서 외박(?)을 하지 않으려 하시는 대통령께서 두 번이나 찾을 정도로 편안하고 정갈한 곳입니다. 도착 후 잠깐 휴식하는 둥 마는 둥하고 바로 수목원 산책에 나섰습니다. '꽃과 나무, 곤충'은 대통령님의 추억의 화두 중 하나입니다. 봉화산을 등산할 때면 '자연생태해설사'가 되어 마주치는 온갖 꽃과 나무, 곤충에 대해 '해박한 지식'으로 친절하게 설명해주십니다. 그러나 우리는 들을 때마다 그놈이 그놈 같고, 또 이름은 왜 그리 안 외워지는지. 다니시다 처음 보는 나무나 꽃이 나오면 꼭 "저건 뭐지?" 하고 우리에게

묻습니다. 물론 우리는 꿀 먹은 벙어리가 되지요. 잠시 어색한 침묵을 참고 있으면 그 녀석의 이름을 알 수 있습니다. 대부분 대통령님께서 그 녀석을 찬찬히 살펴보시다가 "아, ○○나무구나!" 옆에 선 우리는 또 가슴을 쓸어내리고…. 그래도 봉하마을에 내려온 뒤로는 우리도 실력(?)이 많이 늘었습니다. 역시 지진아를 탈출하는 유일한 비법은 '반복 학습'밖에 없었습니다. 봉화산 등산이나 마을 들판, 화포천 산책 때마다 대통령님의 친절한 해설과 함께 보고 듣고 한 덕분이지요. '대통령과 함께하는 자연생태학교', 언젠가 이런 프로그램도 생기지 않을까 싶습니다.

담양에서 1박한 뒤 다음 날 '나비축제'가 한창인 함평을 찾았습니다. 올해로 벌써 10년이 넘은 함평 나비축제는 '나비 곤충 엑스포'로 커져서 하루에도 수만 명이 다녀갈 정도로 붐비고 있었습니다. 특히 초등학생들이 많았습니다. 대통령은 어릴 때 봉하마을에서 보다가 지금은 찾기 어려워진 물방개, 소금쟁이, 맹근쟁이(대통령님의 말씀 속에서만 등장하는 곤충으로 아직 정체를 확인 못한 놈입니다ㅎㅎ) 등 수상 곤충들을 혹시 다시 볼 수 있나 해서 함평을 찾았다고 했습니다. 다행히 물방개도 만나고 직접 만져보시기도 하고 어린 아이처럼 좋아하시더군요. 도떼기시장 같은 축제장 구경을 마치고 나오니 이미 점심시간. 인근 횟집에서 입에 착착 달라붙는 낙지와 대합

조개로 배를 채우고 다시 봉하마을로 돌아왔습니다. 1박 2일, 그리 길지 않지만 휴가에 연이은 여행이라 그런지 무척 길게 느껴지는 여행이었습니다.

쓰다보니 '여행기'가 되어버렸네요. 봉하마을로 돌아간 그날 저녁 저의 '서울 상경기'는 이미 카페에 공개가 되어 있어 생략합니다.

카페 회원님들이 쓴 글을 읽다보니 대통령님과 저의 인연을 궁금해 하시는 회원님이 계시더군요. 특별한 인연이라고 하기는 어렵습니다. 1994년 제가 국회에서 보좌진 생활을 시작할 때, 노짱은 1992년 총선에서 낙마해 원외에 계셨습니다. 그러다 보니 자연히 국회 다른 의원실에서 일하고 있던 노짱의 '동지'들을 먼저 만났습니다. 안희정, 여택수, 백원우, 문용욱, 윤태영, 천호선…. 좋은 사람들과의 만남으로 시작된 인연인 셈입니다. 노짱 캠프에 직접 합류한 것은 노짱 지지도가 바닥을 헤매고 있을 때인 2002년 6월이었습니다. 그리고 대선, 인수위, 청와대 비서실을 거쳐 대통령을 직접 모시기 시작한 것은 2004년 탄핵 이후 다시 직무에 복귀하신 날인 그해 5월 15일부터였습니다. 당시 청와대 국정상황실에서 행정관으로 일하고 있다가 1부속실로 차출당해온 거죠. 2005년 말부터는 수행비서를 1년 넘게 맡았고요. 그 당시에는 거의 하루 종일 대통령을 따라다녀야 했습니다. 그러던 중 2007년 들어 윤태영 전 대변인이 연설기획비서관을 사정상 그만두면서 제가 그 자리를 메우게 된 것입니다. 연설기획비서관은 '수행비서'와 거의 항상 같이 다니는 직책이었습니다. 그리고 2008년 퇴임과 함께 봉하마을 생활….

뒤돌아보면 노짱과의 '특별한 인연'보다 '시대의 흐름'에 비껴 있지 않고 부닥쳐 왔던 '좋은 사람들'과의 만남이 제가 봉하마을로 오게 된 이유가 아니었나 싶습니다. 그리고 그 '시대의 흐름'은 강물처럼 지금도 굽이쳐 흐르고 있습니다.

내일은 마을 주민과 '친환경 농업 워크숍'을 하는 날입니다. 올해부터 봉하마을에서도 오리농법을 도입하기로 했기 때문입니다. 대통령의 귀향이 봉하마을에 미친 작은 변화 중의 하나입니다. 오후에는 화포천에서 인근 초등학생들이 화포천 지킴이 활동을 한다기에 대통령께서 가서 함께할 예정입니다. 화포천에는 요즘 잉어들이 떼를 지어 올라오고 있습니다. 낙동강의 잉어들이 산란기가 되어 얕은 물로 올라오는 거라고 하는군요. 제 팔뚝보다 굵은 잉어들이 수십 마리씩 헤엄쳐 올라갑니다. 혹시나 그물로 싹쓸이해 갈까봐 최근 마을 청년회에서 조직한 '환경감시단' 단원들이 밤마다 순찰을 돌고 있습니다.

모레는 장군차 잎을 따다 직접 차로 만드는 '제다(製茶)시설'을 방문할 예정입니다. 24절기의 하나인 곡우(4월 20일) 전에 딴 잎으로 만든 녹차를 '우전(雨前)'이라 해서 최고의 품질로 친다고 합니다. 곡우가 지난 뒤에 딴 잎으로 만들면 세작, 그 뒤가 중작, 제일 마지막에 기계로 잎을 싹 훑어서 만들면 대작이라고 한다는군요. 모레는 '우전 만들기'를 보러 가는 셈입니다.

봉하마을의 밤이 깊어가네요. 옆방에서는 농사일을 담당하고 있는 김정호 비서관의 코고는 소리가 온 집안을 울리고 있습니다. 농사라고는 지어 본 적 없는 사람이 이제 반 농사꾼이 다 되었습니다. 저도 이제 저 소리를 자장가 삼아 잠깐 눈을 붙여야 할 것 같습니다. 회원님들도 오늘밤 좋은 꿈들 꾸시길….

– 봉하마을에서 김경수 드림

〈다큐멘터리 3일〉, 그 뒷이야기
2008.5.4.

안녕하세요. 며칠째 말썽이던 숙소의 인터넷이 드디어 연결되었습니다. 숙소에 사람이 적지 않은데다 각 방마다 인터넷을 써야 하는 상황…. 봉하마을에 내려와 입주할 때 아예 무선 인터넷을 깔았습니다. 요 며칠 갑자기 말썽을 부리기에 무선 인터넷 설비 탓만 했는데 알고 보니 엉뚱하게 무선 발신기에 연결되어 있는 집 바깥의 케이블에 문제가 있었습니다. 아무래도 시골이다 보니 곳곳에 이런 '기본 인프라'에 구멍이 숭숭 뚫려 있습니다. --;;

조금 전 KBS 1TV에서 방영된 〈다큐멘터리 3일〉을 숙소에서 한솥밥 먹는 식구들과 함께 봤습니다. 함께 본 식구들은 방송에 핵심 등장인물로 나온 농사 담당 김정호 비서관, 봉하찍사 2(일명 봉투, 요즘 봉하사진관의 최고 인기맨), 봉하찍사 5(일명 봉오리) 등이었습니다. 촬영 당시에도 그랬지만, 〈다큐멘터리 3일〉 팀의 따뜻한 시선이 그대로 잘 녹아 있더군요.

154

사실 〈다큐멘터리 3일〉 팀의 촬영 요청을 받고 비서진들은 많이 망설였습니다. 퇴임 후 지금까지 대통령께서는 언론과의 인터뷰 등 직접 접촉을 하지 않고 계십니다. 〈다큐멘터리 3일〉 내용 중에도 나왔지만, 퇴임 대통령 역할에 대한 나름대로의 철학 때문입니다. 그냥 대접받고 사는 원로가 아니라 한 사람의 시민으로서, 시민과 함께 '사람사는세상'을 대통령은 만들어가고 싶어 하십니다. 그런 대통령에게 언론과의 직접 인터뷰는 또다시 '대결의 한 축에 서 있는 정치인 노무현'의 길을 강요할 가능성이 높기 때문입니다. 그래서 〈다큐멘터리 3일〉 팀은 대통령과의 직접 인터뷰 없이 찍겠다는 약속을 하고서야 촬영을 시작할 수 있었습니다.

〈다큐멘터리 3일〉 팀의 담당 PD는 알고 보니, 대통령께서 예전 해양수산부 장관 시절 〈체험 삶의 현장〉이란 프로그램에 출연했을 때 촬영을 담당했던 바로 그 PD였습니다. 당시에도 출연한 사람이나 촬영하는 사람이나 서로를 고생시키면서 무척 힘들게 찍었던 모양입니다. 만나기만 하면 서로를 고생시키는 묘한 악연(?)이라고나 할까요? 꼬박 3일간 카메라 네 대가 봉하마을 곳곳을 샅샅이 찍고 다니는 바람에, 대통령 내외분과 우리들은 팔자에 없는 감옥살이(?)를 해야 했습니다. 내외분께서 밤마실 나가도 편하게 산책을 할 수가 있나, 새벽 등산을 가도 앞뒤로 카메라가 따라 붙고, 촬영팀은 촬영팀 대로 새벽 5시부터 밤늦게까지 잠도 제대로 못자고…. 나중엔 카메라맨들이 안쓰러워질 정도였습니다. 오죽하면 여사님께서 새벽 등산을 마치고 사저로 들어가시면서, 비서진들에게 저 사람들 (촬영팀) 아침밥 꼭 사 먹이라고 신신당부까지 하셨을까.

마을이나 들판, 화포천에 나갈 때 대통령과 우리들의 이동 수단은 대부분 자전거입니다. 문제는 촬영팀이 미처 이런 상황을 파악 못해 자전거를 준비하지 못하는 바람에 첫날은 카메라 들고 뛰다 아예 포기해버리고, 뒤늦게 차량 타고 쫓아오고, 허둥지둥…. 나름 꽤 재미있는 볼거리(?)를 우리에게 제공해주었습니다. 다음 날 노사모 자원봉사 지원센터에서 자전거를 빌렸더군요. 앞에서 한 명이 운전하고 뒷자리에 또 한 명이 앉아 촬영을 했습니다. 홍일점 카메라우먼이 뒷자리를 차지했더군요. 문제는 마을 들판길이 콘크리트 포장이 되어 있긴 하지만 아무래도 시골길이라 울퉁불퉁 거의 자갈길 수준이라는 점. 단지 몸무게가 적게 나간다는 정말 단순한 그 이유 하나 때문에 뒷자리에 앉았던 카메라우먼, 엉덩이는 화끈화끈 눈물은 그렁그렁. 그녀는 그날 이후 다시는 자전거를 타지 않았습니다. 우린 정말 그럴 의도가 아니었는데….^^;;
둘째 날 밤 환경감시단과 함께 화포천에 나갔던 촬영팀은 뜻하지 않게 천연기념물인 수달을 촬영할 수 있었습니다. 화포천에 수달이 산다는 것은 마을 주민에게 가끔 듣긴 했지만, 직접 촬영에 성공한 것은 이번이 처음이었습니다. 쉽게 얘기하면 일종의 특종인 셈이죠. 마침 그날 밤 환경감시단을 따라 나선 카메라맨이 얼마 전까지 환경 다큐를 담당했던 분이라 깜깜한 밤에도 수달의 모습을 놓치지 않고 촬영을 해냈다더군요. 그분은 그날 이후 환경감시단으로부터 영웅 대접을 받았습니다. 수달 촬영에 성공했다는 소식에 누구보다 기뻐하신 분이 대통령이었습니다. 몇 번을 정말이냐고 되물으시더니 "하, 거참…. 허허허"를 되풀이하셨습니다. 마지막 촬영을 마치고 헤어질 때도 그 카메라맨은 "정말 수고했다. 큰일 했다"는 대통령의 아낌없는 격려를 받을 수 있었습니다.

〈다큐멘터리 3일〉 팀이 촬영하고 있는 기간에, MBC 〈뉴스데스크〉 탐사보도팀과 KBS 〈아침 뉴스타임〉 팀이 내려와 1박 2일 촬영을 해갔습니다. MBC는 4월 27일 일요일 밤 〈뉴스데스크〉, KBS는 4월 28일 월요일 〈아침 뉴스타임〉에 보도가 되더군요. 봉하마을의 모습과 대통령의 활동을 나름대로 잔잔하고 따뜻하게 보도했습니다. 다만 뉴스 시간의 짧은 보도로는, 1박 2일의 고생에도 불구하고 '수박 겉 핥기' 느낌이 드는 것은 어쩔 수 없었습니다.

물론 3일간의 기록으로도 대통령의 '사람사는세상' 만들기를 다 담아내는 건 어쩌면 불가능한 일일지 모릅니다. 실제로 이번 〈다큐멘터리 3일〉에서도 시민주권 마당을 위한 웹 2.0 사이트 개발에 몰두하고 있는 대통령의 모습은 아예 빠져 있습니다. '봉하마을'을 대상으로 했던 〈다큐멘터리 3일〉 팀으로서는 접근하기 어려운 부분⋯. 그러나 대통령은 그 3일 동안에도 베타 버전을 테스트하고 있는 '웹 2.0 사이트=민주주의 2.0' 개발 기획에 매달려 있느라 작은 몸살을 앓을 정도였습니다.

어쨌거나 촬영 시작 전부터 방영될 때까지 신경을 곤두세워야 했던 '큰 숙제' 하나가 마무리되었습니다. 오늘은 편하게 발 뻗고 자야겠습니다. 낮에 자원봉사자들과 장군차 밭에서 차나무보다 높이 자란 잡초를 낫 들고 사정없이(?) 베고 다녔더니 온몸이 욱신거리네요. 사실 일을 그리 많이 한 것도 아닌데⋯. 역시 아직 완전히 농사 체질로 변신하지 못한 모양입니다. 내일은 일요일인데다 연휴 기간, 물론 봉하마을은 '휴일'이 아니라 '대목'입니다. 오늘 미처 다 베지 못한 장군차 밭의 잡초도 내일 베러 나가야 하고⋯ 할 일이 태산이네요. 이만 줄이고 잠자리에 들어야겠습니다.^^ 회원님들도 편안한 밤 되시고, 황금연휴 즐겁고 알차게 보내시길 바랍니다.

– 봉하마을에서 김경수 드림

오랜만에 다시 드리는 인사,
그리고 봉하마을은 지금
2008.5.23.

오랜만에 다시 인사드립니다. 이번에는 왜 그런지 처음 글 올리는 것만큼이나 힘이 드네요.

봉하마을은 요즘 하루도 바람 잘 날이 없습니다. 야심차게 추진했던 오리농법은 급속히 확산되는 AI(조류 인플루엔자) 때문에 오리 대신 우렁이가 논에 들어가야 될지도 모르고, 주말마다 노사모 자원봉사자들이 떼로 몰려다니면서 동네 곳곳에 다녀갔다는 흔적(?)을 남기기 위해 나무도 심어놓고 논둑의 잡풀도 깨끗하게 치워놓고 화포천도 청소해놓고, 방문객들은 줄어들기는커녕 날이 갈수록 늘어 급기야 하루에 2만 명을 넘기는 신기록도 세우고…. 늘어나는 방문객을 대상으로 한 노점 문제 때문에 뜻하지 않게 비서진들이 직접 미나리 장사를 하지 않나, 하여간 40가구 120여 명이 사는 조그만 마을에서 하루가 멀다 하고 사고(?)의 연속입니다.

#1. **오리농법**

오리농법은 아직까지는 포기하지 않고 있습니다. 인근 양산까지 확산되었던 AI가 지난 주말부터 소강상태로 접어들었다고 합니다. 일단 5월 말까지는 사태 추이를 지켜보기로 마을 주민과 합의를 했습니다. 그때까지 AI가 안심할 정도로 수그러들지 않으면 어쩔 수 없이 우렁이나 참게 농법 등 다른 친환경 농법으로 바꾸지 않을 수 없습니다. 봉하마을 공인 '초보 농꾼' 김정호 비서관은 만일의 경우에 대비해 우렁이와 참게도 언제든지 공급이 가능하도록 준비를 해두고 있습니다. 그래도 가능하면 오리농법을 할 수 있게 되기를 마을 주민은 다들 바라고 있습니다. 우렁이나 참게 농법으로도 잡초 제거는 가능합니다. 그러나 오리농법은 잡초 제거뿐만 아니라 병충해 방제 효과가 훨씬 높은데다 봉하마을을 찾은 분들에게 좋은 볼거리도 제공할 수 있다는 장점이 있기 때문입니다.

그동안 오리농법을 준비하고 공부하면서 대통령님뿐만 아니라 마을 주민, 참가한 비서진 모두가 신기해하고 재미있어 하는 일이 많았습니다. 여러분은 오리를 논에 풀어놓으면 어떤 역할을 하기에 농약을 치지 않아도 되는지 아시나요? 오리농법, 말로는 많이 들었는데….

'봉하 3인방'으로 불렸던 이호철 전 민정수석, 김정호 영농법인 봉하마을 대표와 함께 낫
들고 마을 들판 잡초를 제거하러 가는 중이다. 봉하마을 가꾸기의 많은 부분은 잡초와의
전쟁이었다. 김정호 대표의 목에 걸려 있는 것은 '오리 삑삑이'다. 봉하마을은 친환경 농
사를 위해 오리농법을 도입했다. 삑삑이는 아침저녁으로 오리들을 불러모을 때 썼다.

오리를 논에 풀어놓으면 오리발로 헤엄치고 돌아다니면서 흙탕물을 만들게 됩니다. 그렇게 물이 탁해지면 물밑의 잡초 씨앗이 햇빛을 볼 수 없어 싹을 틔우질 못한다고 합니다. 그래서 옛 어른들은 모내기를 하고 나면 논에 나가 물을 한 번씩 휘휘 저어주곤 했답니다.

모내기를 한 지 일주일에서 열흘 뒤쯤 알에서 갓 부화한 새끼오리를 논에 풀어주게 됩니다. 오리는 그 후 두 달 동안 논에서 삽니다. 그러면 벼가 자랄 때 오리도 따라 크면서 병충해를 일으키는 해충을 잡아먹기도 하고, 또 오리가 벼를 툭툭 건드리고 다니면 다닐수록 벼는 더 튼튼하고 짱짱하게 자란다는군요. 그래서 오리농법을 하는 논은 태풍이 와도 여간해서 벼가 잘 쓰러지지 않는다고 합니다.

봉하마을 전체 90만 제곱미터(27만 평) 들판 중에 이번엔 8만 2,500 제곱미터(2만 5,000평)만 오리농법으로 하고 나머지 논은 기존에 하던 대로 비록 적은 양이지만 농약을 치게 됩니다. 오리농법 강의 시간에 마을 주민 한 분이 물었습니다.

"그러면 농약을 친 논에서 병충해를 일으키는 해충들이 옆에 있는 오리 논으로 다 옮겨오게 되는 거 아닌가?"

"아닙니다. 농약을 치면 해충도 죽지만 벼에 이로운 익충(잠자리, 거미 등등)도 다 죽습니다. 오리농법을 하는 논에는 이런 익충들이 다 살아 있기 때문에, 일시적으로 농약을 피해 오리 논으로 왔던 해충들이 오리와 이런 익충들 등쌀에 못 이겨 다시 전부 농약 친 논으로 돌아갑니다. 농약은 일정 시간이 지나면 약효가 소멸되기 때문에 오히려 나중에는 농약 치는 논이 훨씬 더 큰 병충해 피해를 입어요. 그래서 오리농법을 한 곳에서 시작하면 몇 년 지나지 않아 근처 논들이 다 오리농법을 하게 되는 것입니다."

아하! 그렇구나, 다들 고개를 끄덕끄덕.
그런 강의를 다 같이 듣고 현장까지 나가 실습도 해본 마을 주민이 그래서 더 오리농법을 포기하지 못하고 있는 것 같습니다. 못내 아쉬워서 조금 더, 조금 더 하면서 사태 추이를 지켜보고 있는 거지요. 잘 되면 좋을 텐데 말입니다.(마침 오늘자 봉하일기도 오리농법에 관한 내용입니다. 참고하시길….)

#2. 미나리 장사 사건

비서진들의 '미나리 장사' 사건은 '사람사는세상' 봉하사진관(5월 18

일자)에 이미 사건의 전말이 다 밝혀져 있어 경위를 다시 설명 드리지는 않겠습니다. 게시판의 댓글만 무려 1,600개가 넘는 사상 초유의 사태(?)가 벌어져 정작 사건의 당사자인 비서진들이 되레 당혹해한 사건이었습니다. 더군다나 제가 댓글로 밝힌 사건의 전말과 김정호 비서관이 밝힌 사건의 전말이 약간 차이가 나는 바람에 더 난리가 났었습니다.

3만 원과 2만 4,000원. 이호철 수석이 저에게 미나리 팔러 나오라고 연락하면서, 노점 할머니에게 지불한 금액(2만 4,000원)이 아니라 할머니가 요구한 금액(3만 원)만 전달해주는 바람에 생긴 착오임이 나중에 밝혀지긴 했습니다만, 저로서는 취재원 한 명에게만 의존하는 단선 취재가 얼마나 위험한 것인가를 다시 한 번 확인하는 계기였습니다.^^ 앞으로는 모든 사안에 꼭 두 명 이상 크로스 체크를 하기로 했습니다. 특히 이호철 수석이 관련된 사안에서는 무조건 추가 확인 취재를 하기로 했습니다.^0^

미나리 장사 사건에서 드러났듯이 봉하마을 주민이 아직은 '어떻게 살기 좋은 마을을 만들 것인지' 하는 방향에 대해 하나로 뜻을 모아내진 못했습니다. 그러나 조만간 봉하마을 주민들이 모두 모여 마을의 앞날에 대해 허심탄회하게 얘기를 나누고, 앞으로 상시적으로 그런 문제를 논의해나갈 틀도 정비하게 될 것입니다. 천 리 길도 한 걸음부터…. 대통령님은 마을의 미래는 마을 주민 스스로가 결정하는 것임을 항상 강조하고 계십니다. 주민들이 스스로 주체로 서지 않으면 봉하마을의 미래도 없다는 것이지요. 마을의 여러 가지 문제를 머리를 맞대고 함께 논의하는 주민의 모습이 '살기 좋은 마을로 가는 천 리 길의 첫걸음'이 되리라 믿습니다.

#3. 그리고 봉하마을은 지금…

오는 토요일에는 대통령이 한림초등학교 학생들과 함께 화포천에 참게 2만 마리(참게를 셀 때는 마리가 아니라 '미'라고 하더군요. 참게 2만 미)를 방류합니다. 참게는 수중 생태계의 청소 동물로 어류의 사체와 조개류 등을 먹기 때문에 건강한 하천 생태계를 유지하는 데 아주 큰 몫을 담당하게 됩니다. 대통령님이 어렸을 때는 화포천뿐만 아니라 마을 앞 들판의 논에서도 흔하게 볼 수 있었는데 지금은 눈을 씻고 찾아봐도 보기가 어려워졌다고 아쉬워했던 놈이 바로 이 참게입니다. 논에 참게가 있으면 잡초도 뜯어먹고 해충의 유충을 잡아먹을 뿐만 아니라 참게가 땅을 뒤집어 산소를 공급하기 때문에 건강한 벼를 키울 수 있게 된다고 합니다. 이번 방류 행사를 계기로 다시 참게가 돌아와 화포천도 깨끗하게 복원시키고 봉하마을 들판에서도 맹활약하는 모습을 볼 수 있기를 기대해봅니다.

대통령님의 최대 관심사 중의 하나인 '민주주의 2.0'도 이제 공개를 눈앞에 두고 막바지 점검에 들어갔습니다. 두 번째 베타버전이 나왔고, 테스트 대상도 확대해서 시험 가동을 하고 있습니다. 큰 문제가 없으면 6월 중으로 문을 열 예정입니다. 기존 홈페이지 '사람사는세상'도 그동안 회원들이 지적해준 사항들을 반영해 6월 초에 개편을 하게 될 것입니다. 일들의 가짓수가 많다보니 아무래도 일 하나하나의 속도는 보는 사람들이 답답할 정도로 느리게 진행되고 있는 것도 사실입니다. 그래도 참고 기다려주는 분들이 고마울 따름입니다.

서서히 날이 더워져가고 있습니다. 날도 더워지고 장마도 오고 하면 봉하마을 방문객이 혹시 좀 줄어들지는 않을까 하는 불순한(?) 기대를 가져봅니다. 대통령님께 지금 가장 필요한 것은 '느긋한 휴식과 사색할 수 있는 시간'이 아닐까 하는 노파심 때문입니다. 그러나 먼 걸음도 마다 않고 찾아주시는 분들의 그 고마운 마음을 어찌 외면할 수 있겠습니까? 참 이러지도저러지도 못하는 난처한 처지입니다. --;;

오랜만에 드리는 인사다보니 미주알고주알 얘기가 많아졌습니다. 역시 자주 와야겠네요.^^ 가끔 '사람사는세상' 회원 게시판에서 회원 여러분의 항의성(?) 댓글을 발견할 때마다, 공부는 않고 농땡이 부리다 들킨 학생마냥 뜨끔뜨끔.^_^;;

오늘은 이만 줄여야겠습니다. 좋은 꿈 꾸시고, 더워지는 날씨에 건강 잘 챙기시기 바랍니다.

– 봉하마을에서 김경수 드림

비 오는 날의 봉하마을 풍경,
'피'와의 전쟁

2008.7.3.

게으름을 있는 대로 피우다 달이 바뀌어서야 인사 드립니다. 세월
의 흐름에 이렇게 하나씩 단락을 지어놓은 옛 사람들의 뜻을 어렴
풋이 알 것도 같습니다.

지난주부터 대통령님의 봉하사진관 출연이 갑자기 뜸해져서 많은
분이 걱정을 해주셨습니다. 실제로 그간의 강행군 탓인지 지난 주
말부터 월요일까지 꼬박 3일을 푹 쉬시고서야 몸살 기운을 겨우 이
겨내셨습니다. 장마가 길다기에 장마 지면 좀 쉴 수 있으려나 했는
데, 쩝…. 올해는 '마른장마'가 비 오는 날보다 더 많네요.ㅜㅜ 다행
히 오늘은 점심때부터 비가 억수같이 퍼부어주었습니다.^^;; 대통
령님도 덕분에 오후는 쉬셨습니다.

지난주 토요일도 하루 종일 비가 왔습니다. 여느 때처럼 느긋한 마

168

음으로 망중한을 즐기고 있는데 느닷없는 날벼락이 떨어졌습니다. 마을 주민 한 분의 논에 '피'를 뽑으러가자는 큰형호철(이호철)의 '강력한 제안' 때문이었습니다. 평소 부지런하기로 소문난 기우 형님네 논이었습니다. 그 명성답게 올해도 모심기를 너무 일찍 해버려서 모와 함께 피도 웃자라 버리고…. 오리를 긴급 투입했지만 훌쩍 자라버린 '피'를 '모'인 줄 알고 오리들이 피해 다니는 바람에 온 논에 '피칠갑(?)'이 된 논이었습니다.

원래 그 일은 당일 자원봉사자들이 오면 함께 작업을 하기로 되어 있었는데, 비가 많이 오는 바람에 자원봉사자들의 방문이 취소되었습니다. 큰형호철은 하루가 다르게 논을 뒤덮어가는 '피'를 보면 농사꾼의 마음이 얼마나 애가 타겠냐, 오죽하면 그날 새벽에 논 주인인 마을 부녀회장님(이기우 씨 부인)이 혼자 나와 피를 뽑았겠나, 다음 자원봉사자가 오려면 또 일주일을 기다려야 되는데 그동안 속이 시커멓게 타지 않겠나 등등 도저히 거부할 수 없는 이유들을 갖다 대면서 '큰형'답게 "비 옷 입고 나가서 피뽑기 단합대회 함 하자"고 순진한 봉하 머슴들을 꼬드겼습니다. 농군정호(김정호)는 옆에서 "30분이면 할 수 있다"고 부추기고….

그렇게 시작된 피와의 전쟁은 오후 내내 계속되었습니다. 저는 다른 사람들보다 조금 늦게 합류했습니다. 대통령님 몸살 나서 못 나오신다고 생가를 찾은 방문객들에게 말씀을 드리고 나오느라 중간에 합류했습니다. ^^;; (일종의 땡땡이^^) 대학 때 농촌활동 가서 뽑아보긴 했지만 20여 년 만에 다시 보는 '피'는 도저히 '모'와 구분이 되지 않았습니다. 그래서 모가 있어야 할 자리를 제외하고, 줄 제대로 서지 않은 놈들은 모두 '피'로 간주하고 사정없이 다 뽑아버렸습니다. (역시 어딜 가나 줄을 잘 서야 합니다.^^)

그렇게 피와의 전쟁을 마치고 녹초가 된 봉하 머슴들은 비 오는 날에 제격인 막걸리에 두부 김치 안주로 허기진 배를 채웠습니다. 새참을 내온 마을 부녀회장님은 미안해서 어쩔 줄 모르고…. 다음 날인 일요일 아침, 결혼식에 갈 참인지 말쑥하게 차려입은 기우 형님의, 평소 무뚝뚝한 표정은 온데간데없이 조금은 미안함이 배어 있는 환한 미소에 피로는 눈 녹듯 사라지고…. 그러나 그날부터 며칠간 봉하마을에는 "아구구구…" "애고 다리야…" 몸살난 봉하 머슴들의 신음소리가 그치지 않았습니다.^^;;

지금 창밖으로 다시 세찬 빗소리…. 봉하마을에 다시 비가 오고 있습니다.

봉하마을 생활의 일부였던 잡초와의 전쟁을 위해 가고 있는 중. 옆에 예초기를 멘 사람은
노무현 대통령이 1988년 처음 국회의원이 되었을 때부터 함께 일했던 최영 선배다. 대통
령의 가장 오랜 비서였다. 최 선배는 지금도 봉하마을에서 권양숙 여사를 모시고 있다.

저렇게 쏟아지는 폭우에도 한여름 밤을 밝히는 촛불은 꺼지지 않고 타오르고 있습니다. 이 비 그치면 찾아올 한여름 찌는 무더위에 건강 잘 챙기시기 바랍니다.

– 봉하마을에서 김경수 드림

KTX 안에서 두런두런 드리는 인사,
그리고 감사…

2008.9.9.

하도 오랜만에 인사를 드리려니 괜히 쑥스럽기도 하고 미안하기도 하고 그러네요.

'사람사는세상' 홈페이지에서 회원님들의 자취를 볼 때마다 뜨끔뜨끔…. 바쁘다는 핑계로 버티는(?) 것도 이젠 한계에 봉착한 것 같습니다.^^;;

지금은 서울역을 출발해서 진영역으로 가는 KTX 안입니다. 세상이 좋아져서 기차 안에서도 저렴한 비용(1,000원)으로 무선 인터넷을 마음대로 쓸 수 있게 해 놓았네요. 그 덕분에 이렇게 회원님들께 인사도 드릴 수 있고….

꼬박 13일 만의 봉하마을 일시 귀환입니다. 검찰의 기록물 대조 확인작업은 아직 끝나지 않았지만 오늘 오후에 예정된 버시바우 주한 미대사 접견 일정 때문에 잠시 내려갑니다. 다행히 오늘은 기록물 관련 대조작업도 하루 쉬기로 하는 바람에 이렇게 뜻하지 않았던 기차여행을 하게 되었습니다.

KTX는 기차여행이라고 하기엔 아무래도 좀 삭막한 편입니다. 속도도 속도지만 수많은 터널을 지나는 바람에 기차여행의 가장 큰 즐거움인 창밖의 경치 구경은 아무래도 그 맛이 반감될 수밖에 없습니다. 그래도 떴다 싶으면 금세 내려앉는 비행기보다야 훨씬 낫긴 하지만, 옛날 추억 속의 '기차여행'이 가진 오밀조밀한 맛은 아무래도 KTX보다는 새마을호나 무궁화호를 타야 느낄 수 있습니다.

다행히 진영으로 가는 기차는 서울에서 밀양까지는 KTX로 가지만, 밀양역에서 내려 새마을호나 무궁화호로 갈아타야 하는 환승 기차입니다. 밀양에서 진영 가는 길은 비록 30분이 채 걸리지 않는 짧은 여행이지만 KTX 여행이 주는 서운함을 그나마 달랠 수 있는 작은 즐거움입니다. 진영역 도착 직전에는 화포천과 봉하 들판 사이를 가로질러 갑니다. 왼쪽으로는 화포천이 펼쳐지고, 오른쪽으로는 봉하 들판과 멀리 대통령님 사저까지 한눈에 들어옵니다. 가끔은 기차를 보며 손 흔들어주는 사람들도 만날 수 있습니다.

……(기차가 역에 도착하는 바람에 중단, 봉하마을로 갔다가 다시 진영역으로 가는 길)

다시 서울로 올라가는 KTX 안입니다. 오늘 버시바우 주한 미대사가 이임인사차 대통령님을 예방한다고 해서 봉하마을에 내려갔다가 밤기차로 다시 서울로 가는 길입니다. 검찰 측에서 오늘 하루 쉬었던 기록물 대조작업을 내일부터 다시 시작한다고 연락이 왔기 때문입니다. 휴~ 지루한 싸움입니다. 무엇을 목표로 하고 있는지 검찰조차 아리송해할 것 같은 정말이지 무의미하기 짝이 없는 싸움입니다. 이번 주에는 끝이 나야 할 텐데….

기록물 문제로 매달려 있느라 회원님들께 약속했던 일들이 다 뒤로 밀리고 있습니다. 대통령님께서 방문객 인사 때 어떤 말씀을 하시는지, 봉하마을의 숨은 머슴(?)들에 대한 소개 등등 '사람사는세상' 홈페이지 회원들에게도 약속했던 일들인데 자꾸만 뒤로 늦춰지고 있습니다. 그래도 약속 지키지 않는다고 타박 한 번 하지 않는 회원님들에게 그저 미안할 따름입니다.

대통령님께서 방문객들과 인사를 하실 때면, 멀리서 봉하마을까지 찾아오신 분들에게 얼굴만 잠깐 보여주고 들어가기가 미안해 이런

저런 말씀들을 가능하면 많이 해주시려 애를 쓰십니다. 봉화산과 뱀산, 화포천 등 봉하마을의 이곳저곳에 대한 소개는 제일 자주 등장하는 주제 중 하나입니다. 마을 소개와 함께 양대 산맥을 이루는 주제가 '진보와 보수의 차이'에 대한 설명입니다. 인구 대비 공무원 숫자, 국내총생산(GDP) 중 정부 재정 규모, 전체 예산 중 복지재정의 비율 등 각종 수치를 국가별로 비교하면서 우리나라가 과연 큰 정부인지 작은 정부인지 방문객들에게 질문해보기도 합니다. 또 세금을 감면하면 누가 혜택을 보는지, 경쟁만 강조하고 시험점수로 줄 세우기 하는 교육이 과연 바람직한 교육인지, 시장에서의 공정한 경쟁을 위한 규제, 환경과 안전, 사회적 약자를 보호하기 위한 규제를 없애면 과연 누가 피해를 입게 되는지…. 그럼에도 왜 국민들은 자신의 이해관계에 따라 정책을 지지하는 것이 아니라 자기에게 손해가 되는 정책을 지지하는 국민들이 훨씬 많은지 등 이런 문제들에 대한 말씀을 시작하시면 어떤 날은 한 시간을 훌쩍 넘기기도 합니다.

한여름 그 따가운 땡볕 아래에서 긴 시간 이어지는 대통령 말씀에도 불구하고 자리를 뜨는 방문객들은 많지 않습니다. 대통령이 말씀하시는 많은 내용이 그동안 한국의 언론과 지식인들 그 누구도 제대로 얘기해주지 않았던 새로운 사실들이라 그랬는지, 지금도 뜨거운 햇살 아래에서 대통령님의 말씀을 한마디도 놓치지 않으려고 귀를 곤추세우고 듣던 그분들의 모습이 눈에 선합니다.

하루빨리 대통령님의 말씀을 회원들과 함께 공유할 수 있도록 해야 되는데…. 이런저런 어수선한 일들이 발목을 잡기도 하고 대통령의 말씀 한마디 한마디에 '정치 재개 운운' 하며 예민한 촉각을 세우고 있는 보수언론과 정부 여당의 '억지 부리기'에 지치기도 하고…. 계속되는 무의미한 소모전이 우리를 힘들게 하고 있습니다.

더구나 곧 오픈될 예정인 '민주주의 2.0'이 '제2의 다음 아고라'라는 둥, 빼돌린 기록물을 연구소에 주어 현 정부를 공격할 것이라는 둥, 재단을 만들어 정치세력화를 꿈꾼다는 둥 얼토당토않은 소문들이 청와대와 정부 여당 주위에 횡행하고 있다는 얘기도 들립니다. 더 나아가 대통령님과 참여정부 인사들이 도덕성을 가장 큰 무기로 하고 있으니 샅샅이 뒤져서 도덕성에 흠집을 내야 한다는 게 여권 일각의 생각이라는 소문도 들립니다. 그들에게는 봉하마을에서 주민들과 오늘도 머리를 맞대고 살기 좋은 마을을 만들기 위해, 궂은일도 마다 않고 나서는 우리들의 모습이 그저 정치적인 '쇼'에 불과한 것으로 보일지도 모릅니다. 이런 현실이 서글프기도 하고 답답하기노 하고….

KTX가 종착역에 가까워지고 있습니다. 오랜만에 두서없이 회원님들께 투정부리듯 이런저런 얘기를 늘어놓은 것 같습니다. 제 마음에 그만큼 여유가 없는 탓인가 봅니다. 회원님들께서 너그럽게 이해해주리라 믿습니다.

힘들고 어려운 날들이지만 마음만은 언제나 풍성한 한가위가 되시기를 기원합니다. 항상 건강하세요. ^^

추신) 우서보리님을 비롯한 몇몇 회원님의 자취를 가끔 '사람사는세상' 홈페이지에서 보곤 합니다. 회원님들의 왕성한 활동력이 대통령님 홈페이지를 '사람사는세상'으로 만들어가는 중요한 활력소가 아닌가 합니다. 진심으로 감사드립니다.

– 서울로 향하는 KTX 안에서 김경수 드림

대통령께서 읽으신 책을 소개합니다
一《미래를 말하다》

2008.10.22.

카페 회원님들께 소개해드리려고 지난주 화요일(10월 14일)에 써놓았던 글인데, '노방궁'이니 '직불금'이니 시도 때도 없이 도지는 저들의 '남탓 고질병' 때문에 미처 올리지 못하고 있다가 오늘에서야 올립니다. 일주일이나 지난 구버전이라 새로 손을 볼까 하다 그러면 또 늦어질 것 같아 그냥 올립니다. 지금이 일주일 전이거니 생각하시면서 봐주시길.^^::

월요일인 어제(10월 13일) 미국의 폴 크루그먼 교수가 노벨경제학상을 받았다는 뉴스를 보고 깜짝 놀랐습니다. 바로 전날 대통령님과 나눈 대화 때문이었습니다. 그날은 일요일인데다 선선한 가을 날씨 탓인지 평일보다 훨씬 많은 방문객이 봉하마을을 찾았습니다. 대통령께서는 보통 때와 다름없이 생가마당에 나가 방문객들과 반갑게 인사를 나누셨는데, 대화 중에 방문객 한 분이 불쑥 질문을 던졌습니다.

"대통령님, 요즘 보시는 책은 어떤 책인가요?"

질문을 받자 대통령은 잠시 뜸을 들이시더니 바로 책 소개를 시작했습니다.

"요즘 폴 크루그먼이라고 미국의 경제학자가 쓴 책을 보고 있는데요…."

하시더니 갑자기 저를 돌아보시며

"그 양반이 노벨경제학상을 받았던가?"

(갑작스런 질문에 흠칫 놀라 머뭇거리다)

"아뇨, 노벨경제학상은 아니고… 다른 상을 받았습니다."

"아, 그렇지 다른 상이었지" 하시고는 다시 책과 저자 소개를 시작하셨습니다. (휴~ 놀래라.^^)

참고로 폴 크루그먼 교수는 1991년 미국경제학회가 2년마다 40세 이하 소장 경제학자에게 수여하는 '존 베이츠 클라크 메달'을 받았습니다. 책에서는 노벨경제학상보다 더 받기 힘든 상이라고 소개하고 있습니다.

그런데 바로 그다음 날, 폴 크루그먼 교수가 노벨경제학상을 수상했다는 뉴스가 나온 겁니다. 참으로 묘한 우연이었습니다. 대통령께서는 지난 9월 초, 이정호 전 청와대 시민사회수석에게서 이 책을 소개받았다고 합니다. 책을 다 읽으신 뒤에는 사저를 찾는 손님들에게 선물할 수 있게 아예 100권 정도 사 두라고 우리 비서진에게 지시까지 하셨습니다. 그 뒤 사저를 찾았다 돌아가는 몇몇 손님의 손에는 어김없이 그 책이 들려져 있었습니다. 안희정 최고위원을 비롯한 정치권 지인들에게도 이 책을 꼭 읽어보라고 권하기도 하셨습니다.

대통령께서 봉하마을을 찾은 방문객들에게 폴 크루그먼 교수에 대해 소개한 그날, 방문객들은 그 책이 어떤 책인지 친절하고 상세한 대통령의 '책 소개'를 듣는 행운을 누릴 수 있었습니다.

"우리말로는 책 제목이 《미래를 말하다》 이렇게 번역이 되어 있는데요. 미국의 보수주의가 미국 국민들을 얼마나 고통스럽게 하고, 미국 경제 나아가서 세계 경제를 어떻게 말아먹고 있는지에 대해 정말 이해하기 쉽게 여러 가지 믿을 만한 자료들을 뒷받침해서 써놓은 책인데 감명 깊게 읽고 있습니다."

"대개 큰 윤곽은 알고 있는 얘기지만, 우리가 명료하게 이해할 수 있게 된 책이 많지 않죠. 저는 미국의 보수주의 정책에 대해서는 아주 싫어하지만, 미국 사람들이 책 써놓은 것을 보면 우리보다 잘 쓴다, 이런 느낌을 받을 때가 더러 있습니다."

"미국은 신보수주의 시대가 막을 내리고 있습니다. 언제쯤이 될지는 모르지만 일단 진보의 시대로 바통을 넘겨주어야 하는 시점에 오지 않았나 생각합니다. 왜냐하면 미국에서 중산층과 서민들이 역사상 가장 고통스러웠던 시기가 1920년대 대공황 직전인데, 그때만큼 지금 미국의 양극화가 벌어져 있습니다. 그만큼 미국 국민들이 고통을 겪고 있는 것이지요. 또 흔히 말하는 미국의 시장 자유주의, 우리도 시장주의를 채택하고는 있지만 시장 만능주의를 신봉하고 있지는 않습니다. 그런데 미국의 보수주의가 시장 만능주의 사상을 가지고 정부는 시장에서 손 떼라 하고 있는데, 그런 정책이 결국 스스로의 시장을 어떻게 망가뜨리는 것인지, 시장 만능주의가 시장을 망가뜨리는 그 역사적 현장을 지금 우리가 지켜보고 있는 것입니다."

"때마침 그 책이 나와서 그걸 잘 이해할 수 있게 해주고 있습니다. 여러분도 한번 보시면 좋겠습니다. 저는 귀한 손님한테 주려고 몇십 권 사서 가지고 있습니다."

저도 지금 대통령께서 소개해주신 그 책을 보고 있습니다. 기록물 문제로 검찰과 씨름하다 10월 초에 봉하에 내려와보니 대통령께서 방문객 인사 시 하시는 말씀의 내용이 전보다 훨씬 풍부해졌더군요. 그래서 경위를 알아보니 《미래를 말하다》를 보시고 심취(?)해 계신다고 해서 저도 책을 바로 손에 잡긴 했는데 기록물과 관련한 온갖 엉터리 주장이 검찰 조사를 거치면서 거의 다 사실이 아닌 것으로 드러나니까, 요즘은 올해 초에 조중동이 노래 불렀던 '500억 원짜리 아방궁'을 한나라당이 다시 '1,000억 원짜리 노방궁'으로 버전업해서 들고 나오는 바람에 책이 눈에 들어오질 않네요. 참, 어째 봉하는 하루도 바람 잘 날 없는지….

우리는 봉하 오리쌀을 추수하기도 바쁜데 이런 한심한 주장 때문에 기자들 전화공세를 치르고 있다 보면 저까지 같이 한심한 사람이 되는 느낌입니다. 이번 주말부터 벼 베기 체험을 시작으로 다음 주 초에는 대통령께서 직접 마을 주민과 함께 오리쌀을 추수하실 것 같습니다. 콤바인을 직접 모는 대통령의 모습을 볼지도 모르겠네요.

아, 봉하 오리쌀 예약은 다 하셨나요? 마음 같아서야 회원님들에게는 무조건 다 드리고 싶지만, 오리쌀에 제가 쏟은 땀이 별로 안 돼서리…^^;; 한 지붕 아래 사는 농군정호 형님한테 아부해봤자 씨도 안 먹힐 것 같고….ㅎㅎ 그래도 모든 회원님에게 봉하 오리쌀을 맛볼 수 있는 행운이 함께했으면 좋겠습니다.

― 봉하마을에서 김경수 드림

봉하마을 산타 이야기

2008.12.24.

안녕하세요.

어제는 회원님들 덕에 뜻밖에 제가 산타가 된 날이었습니다. 사저 대문 앞에 떡하니 커다란 택배상자가 놓여 있기에 사무실로 가져와 열어보니 말 그대로 '보물상자'였습니다. 흥부가 박 타듯 하나씩 꺼내서 주인을 찾아주는데 괜히 제가 선물하는 것처럼 기분이 좋아지더군요.

대통령님 사저에 있는 비서실에는 저와 무심용욱, 보비님이 근무하고, 큰형호철, 농군정호님과 봉투(봉하찍사 2), 봉6(봉하찍사 6)님은 마을 입구에 새로 지은 빌라의 사무실에서 일을 합니다. 그래서 무심용욱님과 보비님은 선물이 도착하자마자 바로 전했고, 빌라 사무실에는 오후 늦게 회의가 있어서 그때 가서 전달했습니다. 반나절 정도의 시차가 있었는데 그 새를 못 참고 우리의 호프 봉투님이 카페에 '배달 사고' 운운하는 글을 남겼다고 하더군요.^^

다들 너무 좋아하고 고마워서, 우편배달부 역할만 한 제가 감사 인사를 받기가 꽤 민망했습니다. 어수선한 일로 봉하마을 분위기가 많이 가라앉아 있던 차에 때 아닌 '선물 폭탄'으로 봉하에 오랜만에 웃음꽃이 만발했습니다. 선물 전달하면서 제가 받았던 감사 인사를 모두 고스란히 회원님들께 전해드립니다.

받기만 하고 드릴 게 없다는 건 참 곤혹스러운 일입니다. 뜻밖의 선물을 받게 된 봉하돌이들의 마음도 다르지 않을 것 같습니다. 하루빨리 온 나라를 얼어붙게 만든 추위가 풀리고 대통령님께서 다시 여러분들과 한자리에서 웃음꽃을 피울 수 있는 날이 와야 할 텐데…. 그날이 빨리 와야 우리도 여러분께 진 빚을 조금이나마 갚아나갈 수 있지 않을까 싶은데 마음만 앞서 갑니다.

이번 주 들어 겨울 추위가 매서워졌습니다. 회원님들 감기 조심하시고, 이 겨울 잘 이겨내시라고 시 한 편 소개합니다.

이것 또한 지나가리라

- 랜터 윌슨 스미스

어느 날 페르시아의 왕이 신하들에게
마음이 슬플 때는 기쁘게
기쁠 때는 슬프게 만드는 물건을
가져올 것을 명령했다.

신하들은 밤새 모여 앉아 토론한 끝에
마침내 반지 하나를 왕에게 바쳤다.
왕은 반지에 적힌 글귀를 읽고는
크게 웃음을 터뜨리며 만족해했다.
반지에는 이런 글귀가 새겨져 있었다.
'이것 또한 지나가리라.'

슬픔이 그대의 삶으로 밀려와 마음을 흔들고
소중한 것들을 쓸어가버릴 때면
그대 가슴에 대고 다만 말하라.
'이것 또한 지나가리라.'

행운이 그대에게 미소 짓고 기쁨과 환희로 가득할 때
근심 없는 날들이 스쳐갈 때면

세속적인 것들에만 의존하지 않도록
이 진실을 조용히 가슴에 새기라.
'이것 또한 지나가리라.'

– 봉하마을에서 김경수 드림

100일이 지났습니다

2009.8.31.

100재를 올렸습니다. 100일쯤 지나면 나아질까 싶었는데…. 바로 곁에 있으면서 지켜드리지 못했다는 회한은 시간이 흘러도 고스란히 남아 있습니다.

봉하마을과 사저로 가는 아침 출근길이 여전히 힘겹습니다. 사저 비서실 문을 열고 대통령님께서 "담배 한 대 주게" 하며 불쑥 들어오실 것 같아 퍼뜩 고개를 들 때가 적지 않습니다.

회의실도 모든 게 그대로인데… 대통령님의 자리만 덩그러니 비어 있습니다. 일하는 곳 어디서나 대통령님의 빈자리를 문득문득 느끼게 되는 일이 봉하를 지키고 있는 봉하지기들에게 가장 견디기 힘든 일입니다.

대통령님도 지켜드리지 못한 사람에게 무슨 개인 카페냐 싶었습니다. 여러분들이 대통령님을 얼마나 사랑하는지 너무나 잘 알기에 대통령님을 지켜드리지도 못한 마당에… 솔직히 뵐 낯도, 용기도 나지 않았습니다.

지난 7월 말에 네임펜님께서 봉하지기들에게 보내는 선물을 한바구니 가득 안겨주고 가셨습니다. 미처 고맙단 인사도 제대로 못했습니다. 카페에 제가 아무 말도 않고 있으니 곁에 계신 분들이 대신 인사를 올리더군요.

그렇게 우리 카페가 '봉하지기 모두의 카페'가 되고 있어 속으로는 무척 다행이다 싶었습니다. 힘든 고비고비마다 봉하를 지키며 살아가는 사람들에게 힘이 되어주는 여러분들이 고맙고 한편으로 미안했습니다.

카페에서 자주 인사드리겠다는 약속을 드리는 건 아직까진 선뜻 용기가 나지 않습니다. 너그럽게 양해해주셨으면 좋겠습니다. 조금씩 나아지겠지요….

서는 덩분긴 '께어 있는 시민'과 함께 '노무현의 부활'을 위하여 할 수 있는 모든 노력을 다할 생각입니다.

9월 초에는 대통령님 묘역과 생가 관리를 전담하고, 봉하마을 가꾸기를 담당해나갈 '봉하재단'이 설립됩니다. 9월 24일은 대통령님 생신일이자 '생가 복원 기념식'이 있는 날입니다.

그다음 날에는 10·4 남북정상회담 2주년 기념 학술대회가 한국미래발전연구원 주최로 개최됩니다. 26일은 노무현 대통령 추모기념사업회(가칭) 창립대회가 서울에서 대규모로 준비되고 있습니다. 곧 창립회원 모집도 시작될 것입니다. 9월 중으로 대통령님 유고집도 출간될 예정입니다. 그 외에도 크고 작은 일들이 함께 추진되고 있습니다.

이 일들은 모든 '깨어 있는 시민'이 함께 참여하고 준비할 수 있게 될 것입니다. 대통령님을 사랑하는 여러분 모두가 '깨어 있는 시민'입니다.

마지막으로 카페지기님과 새롭게 운영진을 맡으신 님들께 늦었지만 진심으로 고맙단 인사를 드립니다. 이 모두가 제가 지고 살아가야 할 '마음의 빛'입니다. 다시 한 번 회원 여러분께 진심으로 고맙고 미안하단 말씀을 드립니다.

여러분과 함께 가는 길… 저에겐 든든한 언덕입니다.

– 봉하마을에서 김경수 드림

"살아 계셨다면 누구보다 기뻐하셨을 것"

친일반민족행위진상규명위원회, 《진상규명 보고서》

대통령님 영전에 봉헌

2009.11.28.

'사람사는세상' 홈페이지에 봉하소식을 올리면서 카페에도 함께 올립니다. 추위가 다시 찾아왔습니다. 희망과 용기로 이 추운 겨울을 잘 이겨냈으면 좋겠습니다.

친일반민족행위진상규명위원회 성대경 위원장을 비롯한 위원들이 봉하마을을 방문했습니다. 대통령님 묘역을 찾아 위원회에서 이틀 전에 펴낸 《친일반민족행위진상규명 보고서》를 조화와 함께 봉헌했습니다.

성대경 위원장을 비롯해 노경채 상임위원, 김삼웅 위원(전 독립기념관장) 등이 함께 방문했습니다. 진실과 화해를 위한 과거사정리위원회 위원장을 역임했던 송기인 신부와 문재인 전 비서실장이 이들을 맞았습니다.

성대경 위원장은 대통령님 영전에 보고서를 봉헌하면서 "살아 계셨다면 누구보다 기뻐하셨을 것"이라고 안타까워했습니다.

봉헌 후 문재인 실장의 안내로 조성공사가 진행 중이라 가림막이 쳐져 있는 '작은 비석' 공사 현장도 둘러보았습니다. 시민 기부로 만든 박석을 묘역 전체에 깔 계획도 설명 드렸습니다.

묘역을 둘러보고 나서 사저로 함께 들어가 권양숙 여사님을 만났습니다. 성대경 위원장은 "대통령님 재임 중 청와대에서 과거사위원회 위원장들과 간담회를 가진 적이 있습니다. 그때 대통령님께 드렸던 약속을 오늘 지킨 것이 아닌가 하는 생각이 듭니다"고 하면서 보고서 25권을 여사님께 전달했습니다.

성 위원장은 또 그동안 위원회 활동 과정에서 있었던 크고 작은 일화들도 소개하고, 보고서 발간 후 조선과 동아를 중심으로 한 일부 보수언론을 비롯한 극우세력에 의해 얼토당토않은 공격을 받는 현실에 대해 개탄하기도 했습니다.

김삼웅 전 독립기념관장은 "특별법에 사료관을 지을 수 있도록 한 근거가 있는데도 실립을 추진할 수 없는 현실"에 대해 안타까움과

분노를 표하기도 했습니다.

권양숙 여사께서는 "보고서를 보셨으면 대통령께서 정말 좋아하셨을 것 같다. 고생 많으셨고 이렇게 직접 찾아와주셔서 감사하다"면서 위원회 활동과 방문에 대해 대통령님을 대신해 고마움을 전했습니다.

약 한 시간 가까이 환담을 나눈 뒤, 성 위원장 일행은 사저를 배경으로 여사님과 기념촬영을 하고, 갓 출판된 대통령님의 유고집《진보의 미래》를 사저 방문기념 선물로 받기도 했습니다.

여사님께 인사를 드리고 사저를 나선 일행은 대통령님 생가를 둘러본 후 봉하마을 방문 일정을 마무리하고 서울로 향했습니다.

제2차 세계대전 이후 식민지에서 해방된 민족이 식민지배 당시의 반민족행위자를 처단하지 않은 나라는 우리나라밖에 없다고 합니다.

성대경 위원장은 "일제하 친일행위를 조사하고 청산하는 것은 너무나 당연한 일인데 이를 폄훼하고 공격하는 세력이 많은 것은, 해방 직후 일제 잔재를 청산하지 못한 것이 가장 큰 이유다. 해방 이후

미군정과 6·25를 거치면서 친일 세력이 대한민국의 주인이 되었는데, 그동안 그들이 반성할 기회가 없었다. 이번에 반성할 자료를 만들었는데 반성보다 공격만 하고 있으니 안타까울 따름이다. 친일행위자의 유족들이 진심으로 반성의 뜻을 밝히고 사죄해야 진정한 화해가 이루어지고 공동체의 통합이 가능하지 않겠느냐?"고 하면서 이번 보고서 발간이 대한민국의 국격(國格)을 높이는 계기가 되기를 바란다고 했습니다.

진실과 화해, 진실은 명명백백하게 밝히고 그 기반 위에서 진정한 화해를 이루는 것. 그것이야말로 통합의 기본 토대라는 것이 과거사 정리를 위한 각종 위원회를 만들면서 대통령님께서 여러 번 강조하셨던 말씀입니다.

그러나 지금 이 순간에도 진실을 밝히기 위한 활동을 '친북 좌파의 준동'으로 색깔 입히기에 급급한 세력들이 여전히 기승을 부리고 있습니다.

대통령님과의 약속을 지키기 위해, 꿋꿋이 역사의 물줄기를 바로잡고자 노력해주신 친일반민족행위진상규명위원회 위원들의 모습이 그래서 너 아름답게 보이는 늦가을 오후, 봉하마을은 오늘도 대

통령님을 만나기 위해 찾아오신 분들로 바쁜 하루를 보내고 있습
니다.

―봉하마을에서 김경수 드림

※대통령 직속 기구인 친일반민족행위진상규명위원회는 2005년 5월 31일,
「일제강점하 반민족행위 진상규명에 관한 특별법」에 따라 구성되어 4년 6개
월의 활동을 종료하면서 4부, 25권, 총 2만 1,000여 쪽에 달하는 《친일반민
족행위진상규명 보고서》를 발간하였다. 보고서에는 1,005명의 친일반민족
행위에 대한 조사 결과가 담겨 있다.

오랜만에 드리는 인사, 봉하의 새 식구들…
그리고 한 가지 제안

2010.5.27.

1

많은 분의 염려와 도움으로 1주기 추도식과 묘역 완공식을 무사히
마쳤습니다.

대통령님 추모의 집도 비록 임시 가설건축물이긴 하지만 계획을 세
운 지 두 달 만에 개관할 수 있었습니다. 여사님께서 특히 관심을
기울이고 준비하셨던 '대통령의 길' 개장도 1주기에 앞서 치렀습니
다. 아직 1주기 행사는 특별전시회를 비롯해 일부 남아 있긴 합니
다만 큰 행사는 거의 치른 셈입니다. 그동안 무겁게 어깨를 짓눌러
왔던 짐 하나를 겨우 내려놓은 것 같습니다. 다들 자신의 일처럼 걱
정하고 도와주신 덕분입니다.

참 오랜만에 인사드립니다. 새삼 인사드리는 게 쑥스러울 정도네요.^^;; 대통령님 묘역도 완공시키지 못하고, 변변한 추모 기념시설 하나도 만들지 못한 채, 회원님들께 인사드리고 무슨 말씀을 드린다는 게 참 낯 뜨거운 일이라는 생각 때문이었습니다. 보리님을 비롯한 새 운영진들께는 제대로 인사도 못 드린 것 같아 더 미안합니다. 양해를 부탁드립니다.

오늘, 아니 지금이 새벽이니 어제가 맞겠네요. 영화 〈시〉로 칸 영화제에서 각본상을 받은 이창동 감독이 봉하를 찾았습니다. 대통령님께 인사를 드리고, 사저에서 여사님과 오찬을 가졌습니다. 전날 귀국한 뒤 바로 다음 날 아침 일찍 기차를 타고 봉하를 방문하는 게 귀국 후 첫 일정이었던 셈입니다. 참배를 마치고 묘역을 나서면서 기자들이 어떻게 왔냐며 한마디 해달라고 했습니다. "1주기 때 왔어야 했는데 외국에 있어서 그러지 못했습니다. 늦게나마 도리를 하려고 왔다"며 뭘 그런 당연한 걸 묻느냐는 듯이 답하더군요. '인간의 도리'를 말하는 이창동 감독에게서 "사람은 의리가 있어야 한다"고 역설하시던 대통령의 모습이 겹쳐 보였습니다.

1주기 행사 준비로 여념이 없던 봉하는 다시 빠르게 '농촌 마을의 풍경'으로 돌아가고 있습니다. 추도식 바로 다음 날부터 모내기를 시작했습니다. 농군정호님의 손길 발길이 바빠졌습니다. 모내기를 끝낸 뒤 일주일이 지나면 농사꾼 오리를 논에 풀어놓아야 합니다. 이래저래 준비할 일들이 많습니다. 작년에 80만 제곱미터(24만 평) 봉하 들판 전체로 확대되었던 친환경 농사가 올해는 인근 지역까지 확대되어 100만 제곱미터(32만 평)로 늘었습니다. 함께 참여하고자 하는 농민들이 더 많았지만, 영농법인 봉하마을에서 '책임지고 관리할 수 있는 범위'까지만 확대하기로 한 것입니다. 조만간 봉하마을에서 새끼오리들의 삑삑거리는 울음소리를 들을 수 있을 것 같습니다.

영농법인 봉하마을에는 농군정호님과 함께 친환경 농사와 마을가꾸기를 담당하는 식구가 작년에 새로 늘었습니다.

대통령님 귀향 초기부터 농사일을 함께해온 세찬님은 다들 잘 아실 겁니다. 세찬님의 부인은 부산 금정구 현직 구의원입니다. 비례내표로 당선되어 외혀활동을 당차게 해낸 여장부입니다. 이번에 금정구 '마'지역에서 구의원 후보로 출마했습니다. 세찬님은 부인님의 선거지원을 나가는 바람에, 봉하 논농사는 내팽개치고(?) 열심히 표밭을 일구는 중입니다.

현재 봉하마을 친환경쌀 방앗간 공장장은 '진영지기'라는 분입니다. 원래 진영 출신이고 대통령님 귀향 후 마침 다니던 회사를 휴직한 상태라 매일같이 봉하마을을 들락거리며(?) 자원봉사를 하다가, 농군정호님과 그만 눈이 맞아버렸습니다. 친환경 농사일을 돕던 진영지기님은 전공이 기계 분야라 작년 말에 방앗간이 생기면서 공장장까지 초고속 승진을 했습니다. 영농법인 봉하마을의 살림꾼입니다. 방앗간 또는 농사일 과정에서 생기는 크고 작은 문제나 골칫거리들을 척척 풀어내는 봉하의 해결사 노릇을 톡톡히 하고 있습니다.

'사람사는세상' 홈페이지 참여사진관에 '호미든의 봉하시기' 코너를 인기리에 연재하던 '호미든'님은 잘 아실 겁니다. 호미든님은 그동안 진영읍내에서 운영하던 치킨가게를 아예 접어버리고 작년 연말부터 봉하마을 사무장과 자원봉사센터 간사를 맡고 있습니다. 이번 1주기 추도식에서도 자원봉사자 관리를 책임맡아 '살 빠진다'고 아우성을 치면서도 행사를 거뜬하게 치러냈습니다. 봉하마을 자원봉사를 희망하시는 회원님께서는 언제든지 호미든님에게 연락을 하시면

됩니다.^^

봉하 들판에는 농약을 치지 않습니다. 그 대신 천연 식물들을 발효시켜 미생물이 살아 있는 천연생약제재를 만들어 적절한 시기에 논에 뿌려줍니다. '봉하마을 미생물 배양센터'가 바로 그 일을 하는 곳인데, '반디'님이란 분이 센터장을 맡고 있습니다. 원래 목수일이 전공인 분입니다. 대통령님께서 귀향하실 때 봉하마을에 상근(?) 자원봉사자로 내려온 뒤, 미생물 배양센터 앞에 아예 컨테이너 숙소를 마련해 봉하마을 식구가 된 분입니다. 마을가꾸기를 위해 나무를 다루는 일에는 어김없이 반디님의 손길이 닿지 않은 곳이 없습니다. 특히 생태연못가와 방앗간에 지어진 정자는 반디님이 심혈을 기울인 작품들입니다.

마지막으로 소개해 드릴 분은 '생태해설사'입니다. 봉하 들판에서 무농약으로 농사를 짓기 시작하면서 논습지 생태계가 빠르게 복원되었습니다. 대통령님께서 단지 친환경 무농약 농사만이 아니라 옛날 농사짓던 환경을 복원해 논의 생태계가 되살아나는 '생태농업'을 말씀하신 덕분입니다. 논가에 '둠벙'이라는 작은 연못들을 파서 논에 사는 생물들이 살 만한 서식지를 만들어주고, 겨울에는 논에 물을 채우는 무논을 조성해 겨울 철새들의 보금자리를 만들어주기도 합니다. 이렇게 복원된 논의 생태계를 직접 체험할 수 있는 '논습지 체험 프로그램'을 람사르 환경재단의 지원을 받아 시작했습니다. 처음에 체험 프로그램 운영을 지원하기 위해 람사르 재단에서 파견 나왔던 '생태해설사'분이 아예 봉하마을 '논습지 체험 프로그램' 담당자가 되어 눌러앉아 버렸습니다. 우리가 '임샘(임 선생님의 경상도식 준말)'이라고 부르는 여성분입니다.

지난 4월 한 달 동안 논습지 체험 프로그램을 신청해 참여한 사람들의 숫자가 1,200명을 넘어섰다고 합니다. 주로 인근 지역의 초·중등학생들과 유치원생들입니다. 가족 단위로도 참여합니다. 논에 나가 살아 있는 생물들을 채집해와서 돋보기나 작은 현미경으로 관찰하기도 하고, 나무에 청진기를 대보고 그 속에서 수액이 흘러가는 소리를 직접 듣기도 합니다. 인근 지역의 생협과 연계해 기계 없이 손으로 짓는 논농사 체험 프로그램도 운영합니다. 봉하를 풍성하게 만드는 보배 같은 존재입니다.

이렇게 봉하마을의 식구들이 하나둘 늘어갑니다. 대통령님께서 계시지 않는 빈자리를 채워주신 분들입니다. 우리로서는 한 분 한 분이 소중하고 고마울 따름입니다.

우리 카페가 이런 분들과 함께하는 공간이 되면 좋겠습니다. 제 개인카페가 아니라 봉하마을에서 '아름답고 살기 좋은 마을 만들기'라는 대통령님의 유지를 이어가는 사람들, 봉하지기, 봉하돌이들의 카페가 되는 것이 맞지 않을까 싶습니다. 물론 그동안 그런 방향으로 조금씩 바뀌긴 했습니다. 가능하다면 이름도 '봉하지기 카페'로 바꾸고 내용도 그에 맞게 바꾸어나가면 좋지 않을까 하는 개인적인 바람이 있습니다. 보리님과 운영진들께서 회원님들과 잘 상의해주시면 고맙겠습니다.

생태연못에 나가면 여러분이 걸어주신 우리 카페의 현수막이 있습니다. 여사님은 보기 좋다고 계속 걸어놓으라고 하시는데, 그 현수막이 걸린 뒤로는 괜히 민망하고 해서 생태연못으로 발길이 잘 떨어지지 않습니다. 저로서는 점심 식사 후 느긋하게 걷던 산책길 하나를 잃어버린(?) 셈입니다.^^;; 조만간 그 현수막이 봉하지기(봉하돌이) 카페 이름으로 바뀌어 잃어버린 제 산책길도 되찾게 되기를 기대해봅니다.

다시 한 번 그동안 힘들게(?) 카페를 이끌어오신 보리님과 운영진,

회원님들께 진심으로 고마운 마음을 전합니다. 저희들이 봉하마을을 벗어나긴 어려울 것 같고, 그 대신 보리님을 비롯해 회원님들이 함께 봉하마을을 찾는 행사도 한번 가져보면 어떨까 싶습니다. 다음카페 노사모(노랑개비) 등에서 주말이면 서울을 출발하는 봉하방문 버스를 운영하고 있으니 이를 활용하셔도 좋을 것 같고요. 이제는 보리님도 커밍아웃(?)할 때가 되지 않았나 싶기도 하고….^^ 보리님 혼자 몰래 살짝살짝 다녀가시지 말고, 미리 연락주시고 오시면 다른 건 해드릴 건 없고, 마을가꾸기 자원봉사의 기회(!)와 마을 안내는 시간 닿는 대로 꼭 해드리도록 하겠습니다. 참고로 아이들의 경우, 봉하마을에서 자원봉사를 하면 학교에서 '자원봉사활동' 참여로 인정받을 수도 있습니다.

오랜만에 드리는 인사라 얘기도 길어지고 밤도 깊었습니다. 오늘은 여기서 이만 접겠습니다. 앞으로는 편하게 가끔 들르겠습니다. 다른 봉하돌이들에게도 '여러분의 카페'로 곧 바뀔 테니 미리미리 신경 좀 쓰라고 독려도 하겠습니다. ^^

감사합니다.

– 봉하마을에서 김경수 드림

고맙고 미안합니다

2012.2.27.

안녕하세요. 김경수입니다.

새로 카페를 열었다는 소식은 진즉 듣고도 짧은 인사 한 번 드리고
는 이제야 다시 인사드립니다. 1월은 인지도를 올려야 된다고 캠프
에서 소위 '뺑뺑이'를 돌려서 정신없이 보냈고, 이번 달 들어서는 조
금 나으려나 했더니 뜻하지 않게 경선을 하는 바람에 또 여유 없이
하루하루를 보내고 있습니다.

요즘은 가까운 분들을 만날 때마다 마음속으로 미안하기 그지없습
니다. 편하게 공천 받으면 될 걸 쓸데없는 고집을 피우는 바람에 이
고생들을 하게 만들었나 싶어 마음이 편치가 않습니다. 때로는 대
놓고 원망을 하시는 분들도 있습니다. 오히려 그래 주시면 맘은 되
레 편해집니다. 치라리 대놓고 원망이라도 하고 나면 속이나 시원

할 텐데, 겉으로 원망도 없이 묵묵히 고생을 참고 견디시는 분들을 보면 몸 둘 바를 모르겠습니다.

우리 민주통합당의 다른 후보가 요청한 경선을 받지 말았어야 했을까? 고생하시는 분들을 보면 가끔 그런 생각이 들기도 합니다. 그러나 아무리 돌이켜 보고 또 곱씹어 보아도 이렇게 가는 것이 '바로 가는 길'인 것 같습니다.

우리의 목표는 통합당 공천이 아니라 대통령님의 고향 김해를 지켜내는 것입니다. 이곳을 굳건히 지켜내려면 우리 모두가 함께 마음을 모아서 가야 합니다. 마음을 모으기 위해서는 결과에 대해 누구나 깨끗하게 승복할 수 있어야 합니다. 우리 당의 다른 후보님은 어려운 시기에 당을 힘들게 이끌어 오셨고, 이번 선거에서도 저보다 일찍 나서서 열심히 시민을 만나오신 분입니다. 여론조사 지지율과 공천 심사위원회가 매긴 점수 몇 점 차이와는 비교할 수 없이 중요한 역할을 해오신 분입니다. 경선의 기회마저 드리지 않는다면 도저히 마음으로 승복하기 어려울 거라는 건 불을 보듯 뻔한 이치입니다.

결과에 대해 깨끗이 승복하고 패자는 승자를 위해 최선을 다하는 그런 '상식적이고 합리적인 정치 문화'를 만들고 싶었습니다. 대통령님은 2002년 대통령 후보 경선에 나서면서 혹시 경선에서 질 경우 승자가 될 가능성이 높았던 이인제 후보를 진심으로 도와줄 마음의 준비가 되었는지 스스로 되물어보고, 결심이 섰을 때 비로소 경선에 나섰다고 합니다.

배운 대로 하겠다고 했습니다. 대통령님이라면 이 상황에서 어떤 선택을 하셨을까, 제가 어려운 상황이 되면 항상 스스로에게 되물어보는 질문입니다. 당연히 경선으로 정정당당히 헤쳐 나가라고 하셨을 겁니다. 당신이 그렇게 하셨듯이….

힘들고 어려운 길이 기다리고 있을 줄은 예상했지만, 막상 경선을 하기로 결정하고 나서 보니 현실은 그리 녹록치 않아 캠프 식구들은 걱정이 태산입니다. 오랫동안 경선을 준비해온 상대후보도 만만치 않은데다 혹시나 역선택의 우려가 있지 않을까 하는 걱정까지…. 넘어야 할 산이 호락호락하지 않습니다. 다들 몸이 부서져라 열심히 하고 있습니다. 하다하다 너무 힘드니까 자연스럽게 저에게 원망도 털어놓곤 합니다. 또 눈에 보이지 않는 곳에서 대통령님의 고향을 지켜야 한다는 일념 하나로 한 사람이라도 더 선거인단에 가입시키려고 애쓰는 분들도 있습니다.

그저 미안하고 고마울 뿐입니다. 정치인이 된다는 건 평생 사람들에게 끊임없이 신세지고 빚지며 사는 인생이 되는 일인 것 같습니다. 그 빚을 어떻게 갚을지 막막하기만 합니다. 제대로 된 정치, 상식과 원칙을 지키는 정치, 언제나 어렵고 힘든 사람들과 함께하는 정치, 늘 한결같이 초심을 잃지 않는 그런 정치를 하는 걸로 빚을 갚을 수밖에 없을 것 같습니다.

이 시간에도 경선 걱정으로 날밤 새우는 분이 있을지도 모르겠습니다. 곁에서 또 보이지 않는 곳에서 애쓰고 계신 모든 분에게 진심으로 고맙고 감사하고, 또 미안한 마음을 전합니다.

열심히 하겠습니다. 늘 지켜봐주세요. 감사합니다.

– 김해에서 김경수 드림

1994년 처음 국회에서 일하기 시작했을 때 정치는 내게 '약자의 눈물을 닦아주는 일'이었다. 본격적으로 정치인의 길에 들어선 뒤, 정치권에 첫발을 디뎠을 때의 초심을 잃지 않아야겠다는 다짐을 늘 스스로에게 던진다. 총선에 출마하기 전 봉하마을에 들러 동네 할머니께 인사를 드리면서 초심을 다시 한 번 생각했다.

2장

거짓이 진실을
이길 수는 없습니다

-페이스북에 올린 글모음

경남도민일보 블로거들과의 간담회
2010.9.18.

봉하마을 김경수·김정호 비서관 블로거 간담회(2010.9.16.) 발언 정리
경남도민일보 이혜영 기자 lhy@idomin.com

김경수 비서관: 만나서 반갑습니다. 간담회에 김정호 영농법인 봉하마을 대표도 함께 참석했습니다. 노무현 대통령은 글을 잘 쓰는 사람을 참 좋아하셨습니다. 귀향 후에도 언론과의 인터뷰는 일절 하지 않는다고 말씀하셨지만 청와대 홈페이지를 담당했던 김종민 전 비서관이 파워블로거와 만남을 주선하니 흔쾌히 그러겠다고 했는데 기회가 닿지 않았습니다. 그러다 아쉽게도 무산됐습니다. 블로거 간담회 제안을 받았다면 대통령님께서도 무척 반가워하시겠다 싶었습니다.

블로거 선비: 저는 블로그에 노무현 전 대통령과 김두관 도지사가 처음 만나게 된 사소한 인연을 적은 바 있습니다. 두 분은 어떤 계기로 노 전 대통령과 인연을 맺었는지 궁금합니다.

김정호 영농법인 봉하마을 대표: 저는 부산대학 79학번입니다. 1984년도 전두환 대통령 시절 학생운동으로 구속되기도 했습니다. 당시 대통령님은 인권변호사 초창기였습니다. 학생들이 구속되면 인권변호사 몇 분이 무료 변론을 해주기도 했는데 노 전 대통령과는 주임변호사로 만나게 됐습니다. 석방되고 나서 국민운동본부 공정선거 감시단 활동 실무자로 뒷받침한 인연이 발전됐습니다. 당시 대통령님은 대표 등으로 앞장설 때였지요. 개인적으로는 주례도 맡아주셨고 고락을 같이했다고 해도 과언이 아닙니다.

잠시 떨어져 있다가 2002년도 '노풍' 때 다시 만나 힘을 보태면서 청와대까지 와서 일을 돕게 됐지요. 그런 과정에 저는 비판적 지지를 많이 했습니다. 공교롭게도 대통령 행보에 비판적 입장을 견지하다 보니 눈 밖에 나기도 했습니다. 대통령님을 마지막으로 모시고 내려올 당시에는 영광의 자리에 계실 때 나같이 못살게 비판 많이 했던 사람들이 끈 떨어졌으니, 의리를 지켜야 한다는 소박한 생각에 봉하마을까지 따라왔습니다. 지금은 안 계시지만 대통령의 유지와 유업을 이어야 한다고 생각하기 때문에 그 인연은 아직까지 이어지고 있다고 생각합니다.

봉하마을에서 친환경 농사를 담당하는 김정호 전 비서관과 마을 문제를 상의하고 있다.
대통령이 귀향할 때 함께 봉하마을로 온 김 비서관은 지금 영농법인 봉하마을의 대표를
맡고 있다. 오리농법과 우렁이농법을 도입하고, 친환경쌀 방앗간과 미생물 배양센터, 복
합가공센터를 영농법인에서 직접 운영하고 있다. 봉하가 경남지역의 대표적인 친환경 생
태농업 단지가 될 수 있게 만든 1등 공신이다.

김경수: 김정호 대표가 인간 노무현을 먼저 만난 1세대라면 저는 노무현 가문의 막내뻘입니다. 직접 일로 마주한 건 대선 후보 선대위 전략기획국에 2002년 7월에 들어와 인수위 당선자 비서실을 거쳐 참여정부 청와대 국정상황실 행정관이 되고부터였습니다. 2002년 7월 이전에 합류할 수도 있었는데 당시 지방자치선거가 있어 서울시장 선거를 치르고 나서 선대위에 합류하게 됐습니다. 2004년도 탄핵에 대해 헌법재판소 위헌 판결이 난 5월 15일 대통령께서 직무 복귀할 때 1부속실에 인력이 부족해 비서를 구한다는 제의가 들어왔고 대통령님 근처에서 일할 수 있다는 것만으로도 좋아 바로 제안을 받아들였습니다.

2006년 1년 동안 수행비서를 하다 2007년 윤태영 당시 연설기획비서관이 그만두는 바람에 연설기획비서관을 이어서 맡게 되었습니다. 연설기획비서실에서는 연설문을 작성하기 전에 대통령님께 어떻게 연설문을 쓰면 좋을지 취재하고 전달한 뒤, 대통령님의 생각이나 말과 일치하는지 검토하고 최종 결정 받는 일을 했습니다. 윤태영 비서관이 하던 일 그대로 비서이자 기록자 역할도 이어서 했습니다.

대통령님은 기록관리비서실에서 공식적으로 기록을 남김에도 지극히 사적인 일정을 제외하고는 거의 모든 일정에 기록관을 배석시켰습니다. 독대는 한 번도 한 적이 없습니다. 항상 보고내용에 관련된 업무를 담당하는 참모진을 배석시키고, 최소한 윤태영 비서관이나 저라도 꼭 참여케 하여 기록하게 했습니다. 독대를 안 하신 이유는 독대하고 나가서 엉뚱하게 애기하는 사람들이 더러 있어 이를 방지하기 위한 뜻도 있었습니다. 더 중요하게는 어떤 정책이나 사안이든 보고하는 사람과 다른 생각을 하는 사람과도 대화하고 토론하면서 결론을 내야 한다고 생각하셨습니다. 대통령이 한 사람의 보고만 듣고 결정하면 잘못된 결정을 할 확률이 높다고 생각하신 겁니다. 국정원장의 보고에 대해서도 민정수석 등을 불러 함께 의견을 듣고 결정했으며 모든 기록을 남겼습니다.

퇴임 때는 자연스럽게 가까이에서 대통령을 모셨던 사람이 내려가는 게 좋겠다는 의견이 많았습니다. 퇴임 이후에도 귀향하신 대통령이 어떻게 활동할지 궁금하기도 하고 전직 대통령이 제대로 활동한 전범을 남길 필요가 있다는 생각에 모시고 내려왔습니다. 그 이후로 여기 계속 머무르고 있습니다. 김정호 대표가 인간 노무현을 먼저 만났다면 저는 정치인 노무현으로 먼저 만나고 모시면서 인간 노무현에 반한 사람이라 보면 됩니다.

블로거 실비단안개: 김경수 비서관은 낯설어 인터넷에서 검색해보기도 했습니다. 비서관이 트위터에 보낸 봉하 들판의 벼논에 새겨진 '사람사는세상'은 어떻게 만들었고 그 작업은 같이 했는지, 했다면 어떤 마음이었는지 궁금합니다.

김경수: 저는 그 작업을 같이 못 했습니다. 저는 어깨 너머로 농사를 보고 있고 친환경 농사나 마을가꾸기 유업을 이은 사람은 김정호 대표입니다. 저는 공보비서관 역할을 하다보니 사무실에서 일하는 게 훨씬 많아요. 첫 작업 당시에 김정호 대표는 브라질에 출장을 가 있었고 자원봉사자들이 몇 주에 걸쳐 만들어낸 작품입니다. 저는 신영복 교수의 글씨를 구하고 작업을 지켜본 증인에 불과합니다.(웃음) 트위터를 우연히 시작하게 된 후에 봉화산에 올라갔다 찍은 것을 트위터에 올렸어요. 봉화산 사자바위는 봉하마을 전체를 가장 잘 볼 수 있고 가장 아름답게 보이게 하는 장소이기도 합니다.

김정호: 맞습니다만 처음 '사람사는세상' 벼논은 부엉이바위에서 잘 보이는 위치에 선정했습니다. 사자바위에서 바로 보려면 더 왼쪽으로 가야 하는데 비닐하우스 등 시야에 장애물이 있어서 노 전 대통령이 잘 보시는 위치로 조정했습니다.

218

실비단안개: 다하고 난 다음 기분은 어떻던가요?

김정호: 작업에 관여한 몇 사람이 주말마다 멀리서 내려와 신영복 선생님 서체에 가장 가깝게 하기 위해 무지 애를 쓰는 과정들이 '내 마음속에 대통령 가치'를 논에다 외화시킨 것이라 생각합니다. 그런 정성들이 모두 우리 마음에 있는데 몇 사람이 그렇게 잘 표현했다고 생각되기도 하고요. 노 전 대통령의 정신이나 가치를 여섯 글자로 표현한다면 '사람사는세상'이잖아요. 체에도 혼이 담겼다 생각하고 어렵지만 신영복 선생의 서체를 구해 혼연일체 된 것 같습니다. 작업을 마치고 나니 참 좋아 보입니다. 쌀만 팔아서는 부가가치가 낮습니다. 색깔 있는 벼는 흑미·홍미·녹미가 있습니다. 쌀도 고품질 기능성 쌀로 가면 단위면적당 소득이 높아집니다. 콘셉트를 오색미로 정해 색깔 있는 애들을 섞어 조금 가치 있게 팔고자 합니다. 수확한 기능성 쌀에 자색미를 포함해서 대통령께 먼저 바치고 가치 있게 쓰고자 합니다.

김경수: 자원봉사자 20~30명은 매주 오는 사람들입니다. 그분들은 대통령께 드리는 선물이고 마음이라 생각하시는 듯합니다. 추수할 때도 글씨 부분 먼저 베어야 할 텐데 그분들이 나서주시지 않을까 생각합니다. 추수하면 도정하고 난 뒤 대통령께 올리고 그

분들께도 나눠드렸으면 합니다. 그분들의 마음이고 선물이라 생각합니다.

블로거 커피믹스: 봉하마을의 맛집인 국밥, 맛이 있는 비결과 방문객들의 평가는 어떤가요? 막걸리도 맛있던데 어떻게 만들고 어떻게 판매할 계획인지 궁금합니다.

김정호: 국밥은 따로 비결이 없습니다. 시골장터에서 시골스럽게 투박하지만 소박하게 끓여낸 국밥이고 대통령의 고향마을에서 먹기 때문에 특별하게 느끼는 것 같습니다. 봉하쌀도 안 쓰는데 대통령이 드셨다 하니깐 방문객 반응은 맛있다 하는데 저는 여름에 땀 뻘뻘 흘리며 국밥 먹는 걸 보면 이해가 안 돼요.(웃음) 봉하쌀은 첫해에는 금방 동이 나버렸고 또 비쌉니다. 시중가 두 배까지는 아니어도 비싸지요. 국밥은 영농법인에서 파는 게 아니라 마을분들이 자체적으로 파는 것인데 5,000원에 무농약 쌀을 사서 밥을 해드릴 수는 없다고 하더군요. 앞으로 국밥 드실 때 "봉하쌀이냐"고 자꾸 물어봐주세요. 그럼 압력으로 느껴 가격을 올리더라도 봉하쌀을 쓰지 않을까요.(웃음)

쌀로만은 부가가치가 낮고 또 대통령님이 막걸리를 좋아하셨기에 그런 영향선상에서 제대로 된 쌀막걸리를 만들어보자고 생각했어요. 농민들은 농사일할 때 막걸리를 말통으로 사서 마십니다. 대통령님께서도 막걸리를 좋아하셔서 늘 마셨습니다. 그런 술이 대부분 밀가루를 많이 넣어 숙취가 있어요. 그래서 쌀 소비 촉진에도 앞장서는 농민주를 만들어보자 한 것이지요. 당장 술도가를 만들 수는 없어 세 곳에 의뢰를 했고 담양 '죽향도가'라는 곳이 최종적으로 잘하는 것으로 판단해 맡기고 있습니다. 지역에 있는 분들과 함께하는 게 바람직하나 술의 질이 들쭉날쭉해서는 안 되는데 싼 게 비지떡이 되겠다 싶더라고요. 비싸더라도 대통령 이름에 걸맞은 품격을 지키는 게 바람직하다고 생각했어요. 우리 무농약쌀로 합법적으로 판매할 수 있도록 도매업 면허를 취득해 오늘 최종 결재를 받았습니다. 추석 전에는 방문하는 분들께서 드시거나 사갈 수 있도록 일정을 당겨보고 있습니다.

여기에 여러 가지 의미를 담아보려 합니다. 직접 재배한 유기농 우리 쌀을 보내 죽향도가의 경험과 노하우를 빌려 만들 것이지만 규모가 커지면 기술이전 등을 통해 봉하마을에서 직접 만들려고 생각하고 있습니다. 대통령님 품격에 맞는 소박하고 서민적인 쌀막걸리를 추구합니다. 귀족적이거나 비싼 술이 아닌 논두렁에서 참으로 먹는 건데 비싸서는 안 되지만 그렇다고 질이 나빠서는 안 되잖아요. 막걸리 가격은 상품 개발비도 있는데다 쌀이 비싸고 물류비 등 부대비용이 많이 들어 도매출고가를 2,000원, 소매가는 깍두기라도 하나 놓아야 하니 4,000원으로 생각하고 있습니다. 슈퍼에서는 3,000원으로 정했습니다. 봉하에서만 맛볼 수 있는 것으로 750밀리리터 병도 특별 제작했어요. 대통령을 느끼면서 한잔하고 좋으면 사가시고 택배로도 보내드릴 것입니다. 그 정도에서 출발하려 합니다.

블로거 구르다: 여기서 도매하면 인근 분들이 동네슈퍼에서 몇 박스씩 사가서 팔면 되나요? 프랜차이즈 매장을 마련해도 되지 않을까요? 또 오리농법으로 농사를 지으니 추수한 뒤 오리를 처리하는 문제와도 관계있는데 이 둘을 묶어 상품화하는 것도 고민해 볼 수 있겠다 싶은데요.

김정호: 도소매 허가를 받았으므로 어떤 형태든 가능합니다. 그러나 기어 다니지도 못하면서 날 수는 없잖습니까? 상품화한다는 분이 있다면 협의해서 할 수도 있을 것입니다.

오리와 관련해 재미있는 일화가 있습니다. 첫해에 오리농법으로 농사짓고 추수한 뒤 오리는 모두 자연으로 보냈습니다. 그런

222

데 그 이듬해 오리농법 기술을 전수한 일본 전문가가 대통령님께서 귀향해왔다고 하니 면담차 방문했습니다. 그분께 우리는 오리는 안 판다고 얘기했더니 확실한 유기축산물인데 왜 안 파느냐고 되묻더군요. 그래서 대통령님께 그런 취지를 꼭 좀 얘기해달라고 한 적이 있었지요. 그분이 대통령님을 만나서 논이 벼와 쌀만 생산하는 게 아니라 미꾸라지와 오리도 없어서 못 판다는 얘길 전했습니다. 대통령님이 "그래 볼까" 해서 오리를 판매하게 되었는데 반응은 좋습니다. 체구는 작은데 이것저것 영양가 있는 곤충이나 풀을 먹는 오리는 뼈에서 깊은 맛이 우러납니다. 오리는 제초 작업과 해충 방지역할을 하는데 6월 10일경에 부화한 지 10일 정도 된 새끼오리를 풀어놓고 8월 10일경에 빼냅니다. 60일 정도만 논에서 일꾼 역할을 하지요. 이유는 8월 10일경 이삭이 패면 오리들이 점프해 뜯어먹어서 그렇습니다. 이렇게 논에서 나온 오리들은 한 달 정도 더 무농약 사료, 싸라기 같은 것을 먹여 상품화합니다.

구르다: 2005년과 2006년을 거치면서 참여정부는 작은도서관 만들기를 국가정책으로 했죠? 봉하마을에 와보니 마을회관에 '봉하문고'가 있지만 초라해 보이더군요. 봉하마을을 둘러보고 나면 마땅히 갈 곳이 없습니다. 머물면서 쉴 곳이 없습니다. 작은도서

관에 노무현 전 대통령이 즐겨보는 책 등을 전시해놓고 아이들이 둘러보는 곳이 되면 좋겠습니다. 계획이 있나요?

김경수: 오신 분들이 제일 힘들어하는 것이 쉴 곳이 마땅찮고 쉼터가 없다는 것입니다. 길거리에 나무그늘도 없어 여름이 제일 힘든 곳이 봉하입니다. 대통령께서 내려와서도 계속 고민했던 부분입니다. 쉼터가 가장 큰 고민이었는데 문제는 봉하마을 땅값이 엄청나게 비싸다는 겁니다. 논 한 평에 20만 원, 30만 원이 넘고 대지는 50만 원 넘어가다 보니 개인이나 재단 차원에서 시설을 만들어내기에는 사정이 여의치 않았습니다. 겨우 만들어놓은 게 추모의 집인데 이것 또한 땅을 산 게 아니라 누군가 기부한 땅에 봉하에 오신 분들에게 유품이나 자료, 영상물을 보면서 시원하게 쉴 수 있게 노무현재단에서 임시 가설 건물로 만들어놓은 것입니다.

예전에 대통령께서 봉하마을에 도서관과 기념관, 장터시설을 모두 겸하는 복합건물을 하나 만들면 좋겠다 하여 추진한 적이 있습니다. 대통령님 생전에 도서관과 관련해서는 두 가지 콘셉트가 있었습니다.

하나는 부모 손을 잡고 온 아이들이 봉하에 와서 민주주의에 대한 문제의식을 가져갈 수 있는 어린이 도서관이었습니다. 방문객들과 대화한 것처럼 아이들한테도 민주주의에 대한 문제의식을 심어주는 그런 기회를 갖고 싶어 했습니다.

또 하나는 친환경 농사와 생태마을 가꾸기 같은 것을 접하고 봉하마을이 변해가는 모습을 영상으로 볼 수 있는 기념관 같은 것이었습니다만, 땅값 때문에 무산됐습니다. 경남도 그리고 김해시와 협의하고 있지만, 사실 방문객이 이렇게 많이 온다면 자치단체가 나서서 해야 할 일 중에 하나라고 생각합니다. 이렇게 사람이 많이 방문하는데 편의시설을 갖추는 것이 어찌 마을만의 일이겠습니까. 그전에는 요청해도 잘되질 않았습니다. 지금은 주차장 정도만 해소되고 방문객 편의시설이나 쉼터는 아직 해결이 안 됐습니다. 김맹곤 시장이나 김두관 지사가 전폭적으로 지원을 약속했지만 시간은 걸릴 것 같습니다.

'봉하마을 공간조성위원회'라고 유홍준 전 문화재청장이 위원장으로 있고, 여러 건축가나 전문가들이 함께하는 자문위원회가 있습니다. 그분들은 봉하마을을 급하게 바꾸지 말자, 지금은 보존이 중요한 시섬이나, 1차로 질 보존하고 그 괴정에서 장기 마스

터플랜을 세워서 하나하나 바꿔나가자는 생각입니다. 자문위, 김해시, 경남도와 함께 마스터플랜에 관한 용역을 맡겨놓은 상태입니다. 6개월 정도 시간이 걸릴 것으로 예상되고 그 안에서 검토할 예정입니다.

구르다: 저는 대안으로 작은음악회나 작가와의 만남 등이 결합된다면 봉하마을을 더 풍성하게 할 것 같습니다. 외지로 나갔던 사람들도 들어오고 있다고 들었습니다. 마을 문화시설로써 현재 마을회관을 그런 용도로 활용해도 좋을 것 같습니다.

김정호: 이동식 컨테이너 도서관도 검토했지만 컨테이너를 놓을 장소가 마땅치 않았습니다. 임시로 할 것은 아닌 것 같습니다. 마을 장터에 대한 논의도 하고 있는데 그 안에 북카페 형식이 들어가면 좋지 않을까 하는 생각도 하고는 있습니다. 말씀해주신 의견도 고려해보겠습니다.

블로거 커서: 정치적으로 거리를 두려 하지만 지켜보는 사람들은 정치적인 역할을 기대하는 건 사실입니다. 지역에 미친 영향은 어떤 게 있을까요?

김정호: 김해시 전체로 확대하면 농정을 담당하는 농업기술센터는 김해를 이미 농업지역으로 생각하지 않고 있습니다. 난개발로 김해는 농사로는 안 된다는 회의적인 생각을 하고 있었습니다. 대통령님이 내려와서 첫해에 시범적이지만 오리농법을 한다고 했을 때 농업기술센터에서 적극적으로 반대했습니다. AI 때문에 "오리농법 대충하라"며 말리기도 했습니다. 친환경 농사 담당계도 없다가 이제 담당이 생긴 정도로 이것이 김해시 친환경 농사의 현주소입니다.

실험적으로 한 첫해에 비해 올해에는 친환경 농사가 80만 제곱미터(24만 평)에서 100만 제곱미터(32만 평) 규모로 늘었고 참여 농민도 100여 명으로 규모 외형도 커지고 참여 농민도 늘었습니다. 이는 생업으로 농사짓는 분들의 반응이나 평가를 단적으로 보여주는 지표라고 봅니다. 쌀농사는 경쟁력이 없어서 이대로 가면 쌀개방이 이루어지는 2014년이면 거의 망할 것으로 생각됩니다. 지금 가격 경쟁력으로 보면 땅값과 사료는 비싼 데 반해 쌀값은 싸기 때문에 쌀농사는 버티기 힘든 상황입니다. 이 상황에서 대통령님이 비전을 보여줬다 생각합니다. 친환경 농사로 지어 고품질로 가공하고, 여러 사람이 신뢰하고 믿는 분을 중심으로 그 제품을 브랜드화한다면 외국쌀이 개방된다 해도 외국산 쌀보다 우리 것이 안전하고 토지와 체질에 맞아 살아남을 수 있을 것입니다.

하지만 이것도 실질소득이 보장되지 않고는 유지가 불가능합니다. 홈페이지에 장터를 열고 친환경 생태농업은 힘들지만 자연을 살리고 환경을 보존한다며 그 비용까지 쳐서 쌀을 비싸게 사달라고 하니 처음에는 회의적이었습니다. 지금은 다 팔아내고 없어서 못 팔아요. 처음에는 1.3배나 1.4배 가격으로 팔아낼 수 있을까 했는데 없어서 못 파는 실정이니 친환경 농사를 하면 해법이 될 수 있겠구나라고 인식 변화를 느끼는 듯합니다. 농사를 포기하지 않고도 농사만 잘 지으면 소득도 못지않게 생기고, 전업하지 않고도 쌀농사로도 버틸 수 있다는 반응이 느껴집니다. 친환경 농사가 품이 많이 들고 귀찮긴 하지만 그만큼 소득보전이 되기 때문에 이젠 다르게 생각하는 것 같습니다. 하지만 쉽고 편하게 하려는 경향이 남아 있어 대립도 있고 긴장도 있긴 하지만 친환경 농사를 하는 사람은 좋아합니다.

김경수: 봉하마을에 방문객이 많이 오는데 봉하마을 주민들에게만 혜택이 가는 것 아니냐, 김해시의 투자가 봉하마을만의 혜택이 아니냐는 지적이 있었습니다. 그래서 봉하마을을 비롯한 인근

7개 마을이 공동으로 농촌마을 종합개발사업을 농림수산부에 예산을 신청했어요. 작년에는 안 됐는데 올해는 채택되었죠. 본산리 5개 마을, 건너편 뱀산 쪽 양지 효동마을 2개 마을이 함께합니다. 이들 마을에서 생산된 친환경 농산품을 봉하마을에서 함께 판매하는 것으로 의견을 모아 내년부터 진행할 예정입니다. 이런 식으로 지역 주민과 같이 상생해나가는 방법을 계속 모색 중입니다.

블로거 파비: 노사모 하면 이미지에 매몰되고 이유 없이 노무현 좋아하는 경향이 강한 것 같습니다. 단기적으로 대중성도 중요하지만 장기적으로는 '사람사는세상'이 어떤 것인지 고민과 회의가 많았을 것입니다. 봉하마을에서 대중적인 사업도 중요하지만 유족들이나 측근들이 그분이 추구하고자 했던 이념적 노선을 정리해서 사람들에게 알릴 계획이나 생각은 있습니까?

김경수: '사람사는세상'은 대통령님을 상징하는 말입니다. '사람사는세상'이 뭐냐? 사람마다 생각이 다르지요. 대통령님은 아이들을 데려온 부모들이 우리 아이한테 좋은 말씀 부탁한다는 요청에 참 곤혹스러워하셨습니다. 초등학생·유치원생에게 '착하게 자라라'고 가볍게 답하면 될 것을 무슨 얘기를 해야 하나 고심하면서 끙끙 앓고 정리해서 깊고 나오시는 진지한 분이었습니다. 그래

서 하시는 말씀이 우리 세대는 '모난 돌이 정 맞는다' '나서면 손해'라는 얘기를 듣고 자랐는데 우리 사회가 그럼 되겠느냐, 상식과 원칙에 입각해 올바른 길을 가는 사람이 타박을 받는 사회를 아이들한테 물려주면 안 되지 않겠냐며 아이한테가 아닌 부모님한테 얘기를 하셨습니다. 원칙과 상식이 통하는 사회, 투명하고 공정한 사회, 일시적으로 낙오하더라도 다시 기회를 주는 배려가 있는 사회, 복지사회를 만들어서 아이들한테 물려주자는 말씀을 많이 하셨어요. 대통령이 말씀한 그런 세상이 '사람사는세상'이라고 생각합니다.

봉하재단은 묘역과 생가를 관리하는 일이 주목적이고, 노무현재단은 대통령님 기념사업 전체를 총괄하고 대표하면서 일을 하는 재단입니다. 노무현재단에서 지금 추진하는 일이 대통령의 업적과 가치, 철학과 정책 이런 부분을 자료로 정리해서 국민이 쉽게 접할 수 있도록 추진하고 있습니다. 재단의 사료편찬특위가 이 일을 주관하고 있고, 정연주 전 KBS 사장이 위원장을 맡고 있습니다. 대통령님과 참여정부의 자료는 대부분 디지털 자료로 수백만 건이 넘습니다. 지금 대통령기록관에서 제공하는 방식은 검색도 어렵고 관련된 영상자료도 너무 많습니다. 정연주 사장이 맡아 대통령의 가치와 철학을 국민들에게 잘 전달하게 추진할 생각인데 하반기부터 계획을 세워 내년 내후년까지 진행하는 3개년 사업으로 추진할 생각입니다.

마음이 조급하기도 하고 진행이 잘 안 되고 있어 노무현재단에 빨리 하자고 보채기도 했습니다. 이 작업이 왜 중요하냐면, 참여정부와 대통령에 대한 비판이 사실과 팩트에 기반을 두지 않은 것이 많았습니다. 예를 들어 참여정부는 '좌파 신자유주의 정부다'라고 노 전 대통령이 말했다고 잘못 알려졌습니다. 그 표현이 어디에서 나왔느냐면, 인터넷 언론과의 대화 때 북한 지원 등에 관해 양극화나 사회적 약자에 대한 배려를 얘기하면 '좌파'라 하고 진보진영에서는 파병과 FTA 등을 이야기하며 '신자유주의'라 하니 그럼 우리는 '좌파 신자유주의'란 말이냐고 비꼬아서 한 말이 대통령님이 '참여정부는 좌파 신자유주의'라고 인정했다고 언론에 보도되었죠.

정책을 추진하는 입장에선 각각의 사안과 정책을 놓고 구체적으로 평가하고 비판해야 하는데, 모든 것을 구체적인 내용은 생각하지 않고 묶어버리고 딱지를 붙여서 비판하면 서로 대화와 토론이 안 됩니다. 신자유주의니깐 이런 건 너네 잘못이다, 좌파니깐 이선 살못이라는 식으로 평가하면 안 된다는 겁니다. 구체적인 실제 정책을 놓고 서로 정확한 사실에 입각한 토론을 하려면 참여정부에 대한 정확한 자료를 정리하는 게 제일 중요한 작업이라 생각해 서둘러서 내놓으려 합니다.

블로거 달그리메: 완벽하게 잃을 순 없다고 생각합니다. 서거 후 얻은 것이 있다면요? 또 노 전 대통령을 죽인 건 검찰이 아니라 언론이라고 합니다. 언론의 편파적 보도가 심했는데 노정연 씨의 집 문제만 해도 호화 아파트가 아니라는 것을 교포인 한 블로거가 밝혀 엄청난 반향을 일으킨 것으로 압니다. 블로거의 역할에 대해 어떻게 생각하는지요.

김경수: 우선 대통령의 서거로 인해 너무나 잃은 게 많습니다. 전직 대통령이라 함은 개인이 아닌 사회적인 총체입니다. 대통령 5년 하고 나면 국가, 국민, 나라가 가야 할 방향, 갈등, 남북관계 등등 모든 영역에 정리된 자기내용을 가질 수밖에 없습니다. 대통령님을 수행하며 부속실에 있을 때 보면 대통령님은 엄청난 다독·속독임을 알 수 있어요. 책 사다 바치기에 바쁠 정도였습니다. 한 가지 주제에 대해 관련 책을 주문해 읽고 정리해나가는 독서패턴이었는데 학자들과 토론하면 대통령의 고민과 문제의식이 유감없이 드러나곤 했습니다. 그런 게 다 모여 있는 자산인데 그

런 자산을 잃은 것이 안타깝습니다. 앞으로도 정상적인 사회가 되려면 전직 대통령이 가진 사회적 총체로서의 자산을 어떻게 활용할 것인가 사회적으로 고민해야 합니다. 우리가 잃었다기보다 국민이 잃은 게 너무 많습니다.

그럼에도 대통령의 진정성을 국민이 이해하게 된 것이 얻은 것이라 할 수 있겠네요. '아'라고 하면 '어'라고 발표하는 언론들에 의해 진정성이 제대로 전달되지 않았습니다. 왜 노무현이란 사람이 국민들이 붙여준 '바보'란 별명을 좋아했는지, 왜 바보로 불렸는지, 그 과정에서 추구했던 가치와 일생을 통해 추구했던 가치가 무엇인지를 국민이 깨닫게 된 계기가 된 것 같습니다. 민주주의가 다 된 줄 알았는데 제대로 이루어졌는지 돌아보게 된 계기, 상식과 배려 이런 게 제대로 됐는지, 대통령께서 재임 기간 추진했던 가치들이 왜 소중한지를 국민들이 피부로 느끼게 됐다는 점입니다.

대통령께서는 권력의 절제를 많이 강조했는데 권력을 절제하지 않으면 국민이 피해를 입을 수밖에 없다고 강조했습니다. 권력에 대해서는 견제장치를 두면서 힘을 빼는 원칙을 갖고 있었습니다. 일부에서는 대통령께서 검찰을 풀어줬기 때문에 이런 일을 당했다고 보기도 합니다만, 검찰에 대한 견제장치로 공수처 법이 국회에서 처리되지 않으면서 그렇게 된 것입니다. 그러한 한계가 작용은 했을 것입니다. 국민이 이해하고 자각하는 계기가 된 게 그나마 엄청나게 많은 것을 잃었음에도 국민이 얻은 것이라고 생각합니다.

일부 언론과 노 전 대통령은 거의 원수지간이었습니다. 민주주의와 진보는 국민이 생각하고 행동하는 만큼만 간다고 생각하셨는데 현대사회에서 국민의 생각에 가장 큰 영향을 미치는 것은 언론입니다. 언론 중에서도 조중동 같은 독점 보수언론입니다. 독점 보수언론에 따라 왜곡되는 것은 한두 가지가 아닙니다. 대통령님은 재임 중 그런 일을 워낙 많이 겪었습니다. 언론의 왜곡보도로 국민의 생각이 왜곡되고 이것이 선거에서는 투표권의 왜곡으로 이어지기 때문에 민주주의 위기가 발생한다고 생각했습니다. 거대 언론의 문제를 극복하기 위해 끊임없이 실험한 것이 인터넷 언론입니다. 대통령님 본인이 토론 사이트, 민주주의 2.0, 웹 2.0을 만드는 등 실험을 많이 했지만 실험으로 끝난 감은 있습니다. 그렇지만 대안언론에 대한 끊임없는 추구 취지는 여전히 살아 있고 앞으로 계속 풀어나가야 할 과제라고 봅니다.

대통령께서는 집단지성에 대해서는 큰 신뢰를 보이고 이를 모아 내는 사이트를 만들려 했지만 토론 사이트는 그 이후 여러 이유로 존속이 어려워지고 그렇게 추구했던 대안언론은 지금도 우리에게 숙제입니다. 개인적으로 저는 트위터 같은 소셜미디어와 블로그 같은 1인 미디어를 어떻게든 결합해가야 한다고 생각합니다. 물론 1인 미디어 블로그를 인정하지만 분명 한계는 있다고 생각해요. 작년에 미국에서 나온 통계를 보면 블로그의 95퍼센트는 사실상 사장되어 있습니다. 트위터로는 감당하지 못하는 블로그만의 깊이를 어떻게 대중에게 전달할 것인가? 블로그가 트위터와 페이스북 같은 소셜네트워크를 잘 활용하면 길이 있지 않겠느냐는 고민을 하고 있습니다. 블로그만이 가진 분석과 깊이를 어떻게 대중에게 전달할 것인가 하는 방법이 고민이라는 뜻입니다.

커서: 노무현 때 트위터가 유행했다면 어땠을까요?

김경수: 기술진보가 좀 더 빨랐으면 하는 아쉬움은 있습니다. 대통령님은 얼리어답터이긴 했습니다. 정치를 할 때 명함관리와 인명관리가 수공업으로 이루어지는 것을 보고 이를 컴퓨터로 관리할 수 있는 제대로 된 프로그램을 만들어보기도 할 정도였어요. 본인이 IT와 디지털을 즐겨하고 재미있어하고 뭔가를 만들어내

는 걸 좋아했습니다. 참여정부 청와대의 업무관리 시스템인 이지원을 직접 설계하기도 했는데요. 업무의 처리 절차를 시스템으로 관리하려면 이렇게 만들어줘야 한다는 식으로 방향과 지침을 알려주셨습니다. 아마 트위터와 페이스북이 당시에 유행했다면 대통령님께서는 스스로의 방식을 찾아가시면서 사용하지 않았을까 싶습니다.

블로거 정성인: 박연차 회장이 이후에 방문을 했나요? 노건평 씨는 어떻게 지냅니까?

김경수: 아니오. 방문하지 않았습니다. 노건평 씨 또한 마을주민의 한 사람으로서 생활하고 있습니다.

블로거 천부인권: 조현오의 이야기가 진실입니까, 아닙니까? 진실이 아니라면 대응방법은 있습니까?

김경수: 민노당 이정희 대표가 말했듯이 조현오는 '본인이 스스로 자백을 한 범죄자'입니다. 유족이 검찰에 고소했고 문재인 실장이 대리인 자격으로 같이 고소했는데 조현오 발언의 근거가 무엇인지 검찰이 확인하고 허위라면 그에 따른 책임을 지우면 되

는 간단한 사건입니다. 특검 이야기를 하는데 개각 실패로 궁지에 몰린 정부가 꼼수를 부린 것입니다. 특검은 정부나 권력의 압력 등으로 제대로 수사를 못할 때 하는 것입니다. 대통령에 대한 검찰 수사가 제대로 못 한 수사입니까? 사돈의 팔촌까지 다 뒤져 한 사람에게 모욕을 준 정부에 하청을 받아, 편파적이고 강압적인 수사를 했고 언론을 통해 보도되지 않은 내용이 없습니다. 그런 걸 놓고 특검 운운하는 것은 한 번 더 욕보이겠다, 그 과정에서 정치적 과실을 따먹겠다는 몰상식한 이야기로 들립니다.

최소한 고인에 대한 금도를 지키는 정치를 하면 좋겠습니다. 두 번다시 유족들에게 상처 내는 일이 없으면 좋겠습니다. 노 전 대통령은 개인약속과 업무상 약속을 철저히 해 법인카드와 개인카드를 구분해 쓴 사람으로 자기관리가 철저한 분이었습니다. 다만 주변관리를 철저히 하는 것도 정치인의 책임인데 그 부분은 과오가 있다고 인정하고 안고 떠났으면 그걸로 된 것이라고 생각합니다.

실비단안개: 추모위젯을 사람들이 많이 달고 있는데 다들 안 내리고 있습니다. 이 현상을 어떻게 생각하세요?

김성수: 서서 기간 추모객이 봉하마을에만 100만 명, 전국적으로

는 500만 명으로 추산하고 있습니다. 어떤 심정으로 추모했을까, 1주기가 지나도 추모 열기가 이어지는 이유가 뭘까 생각해봅니다. 진정성을 이해하는 측면과 현실 상황에 대한 반작용 심리가 있다고 봅니다. 지금의 시대적인 상황이 대통령님을 그리워하게 만드는 요인으로 작용하는 것 같습니다. 이 현실을 극복해나갔으면 좋겠다는 희망이 추모 속에 있다고 생각합니다.

천부인권: 마을주민에게는 이익이 창출되고 방문객도 즐겁게 놀다 갈 수 있는 문화를 만들 계획은 없는지요?

김정호: 고민입니다. 국민관광지나 유흥지화할 수도 없고 편의를 높일 필요성은 절실하고…. 함께할 수 있는 프로그램이 다듬어지진 않았습니다. 합포천 생태하천 복원하기, 발길을 좀더 머무르게 하고 자취들을 따라서 느낄 수 있도록 대통령의 길 생태탐방, 농촌에서 하고자 했던 가치와 꿈을 같이 이뤄볼 수 있도록 농부체험을 더러 하고 있지만 아직 기반이 미비하고 배우면서 하기 때문에 세련된 프로그램으로 많은 사람을 모시기에는 한계가 있습니다. 민주주의 산교육으로 생태적으로 바꾸고 보고 체험할 수 있는 역사와 문화가 숨 쉬는 생태마을로 만들어야 할 것인데 그런 방향에서 부분적으로 실험하고 있습니다. 좋은 아이디어 있으

238

면 주시기 바랍니다.

구르다: 장사꾼들은 장사꾼 시각으로 접근하는데 돈 좀 들고 와서 봉하 이름만 걸고 장사하다 몇 년 지나고 가버리는 식으로 하면 봉하마을에 사람들이 오지 않을 수 있어요. 대통령님이 추구했던 부분은 고향으로, 함께 살았던 분들이기 때문에 함께 잘되는 걸 바랐을 것이고 농촌 사람들도 힘을 모으면 잘살 수 있다는 걸 증명하려 했다 생각합니다. 주민공동체. 가고자 하는 길이 같다는 걸 확인하는 절차가 필요할 듯합니다. 대통령의 길에 갈 때는 주민이 그 길을 안내하면서 대통령을 추억할 수 있게끔 하면 좋겠습니다. 오리불고기집을 주민이 운영하면 좋겠다는 생각도 했습니다.

김정호: 대통령께서 귀향하시고 함께할 수 있는 사업을 구상했습니다. 이미 깨어진 농촌공동체를 여하히 복원할 것인가입니다. 대통령 재임 시부터 농촌이 붕괴되면 도시도 아울러 붕괴된다고 생각했습니다. 농촌을 생태적으로 복원하는 것. 결국 자연환경과 사회적 공동체가 둘이 아니라고 생각했지요. 사람과 자연이 공존하는 생태마을 같은 것입니다. 농사도 마을 숲도 마을 앞 들판도 불노 하전노 설국은 자연환경이며 동시에 사회적 공동체인 것인

니다. 사람과 자연이 공존하는 생태마을. 논도 숲도 하천도 그렇게 보고 당신을 보러 오는 방문객들을 더 머물게 하고 봉하마을 농산물을 가져가면 주민의 실질소득은 높아지고 그래서 잘살게 되면 일자리를 찾아서 외지로 나간 자식들이 돌아오게 됩니다. 농촌공동체가 살아나고 잘살게 되어야 문화적으로도 수준이 높아질 것이라는 방향에 비추어서 영농법인도 여덟 명의 주민이 출자하고 가공 판매이익도 공유하고 가공식품을 개발하고 있습니다. 이것을 토대로 경제적으로도 소득이 나아지고 또 이것을 원천으로 생태마을을 가꾸고 농촌공동체를 이룰 수 있다고 생각합니다.

광에서 인심난다고 하지요. 친환경 농법으로도 돈이 된다면 마음이 넉넉해지고 여유가 생길 것입니다. 농사도 돈 되는 것만 한다는 인식을 바꾸는 데는 시간이 필요합니다. 그럼에도 대통령의 유지를 이어나가는 작업은 지속해나가야 합니다. 단점들은 수용하고 바꾸겠지만 하루아침에 안 되기에 시간을 두고 설득하고 함께해야 합니다. 힘들지만 남아 있는 사람들이 고민해야 할 부분입니다.

김경수: 오늘의 간담회를 마무리하겠습니다. 대통령님께서 서거하면서 두 가지 숙제를 남기고 갔습니다. 하나는 깨어 있는 시민들

과 민주주의와 진보를 위해 노력하라는 것입니다. 또 봉하마을을 살기 좋고 아름다운 곳으로 가꿔 전국적인 모델이 될 만한, 국가 균형발전을 실천할 수 있는 모범 마을이 되라는 것입니다. 아름답고 살기 좋은 마을 만들기는 여기 김정호 비서관이 중심이 되어서 해왔고 앞으로도 계속 책임지고 가꾸어 나갈 것입니다. 민주주의와 진보의 시대를 깨어 있는 시민들과 함께 만들어 가라는 것은 여기 있는 분들도 함께 책임져야 할 주체이고 주인공이 되어주었으면 좋겠습니다. 앞으로 가야 할 길은 멀지만 책임지고 여기 있는 시민도 함께해야 할 일입니다. 당부 말씀을 꼭 드리고 싶습니다. 시민 여러분이 주인공이 되어달라는 것과 앞장서 달라는 것입니다.

참여정부와 대통령님이 100퍼센트 다 잘했다고 누구도 말하지 않습니다. 다만 사실에 근거한 비판을 해야 다음 대안이 나올 수 있습니다. 정확히 평가하고 비판하고 대안을 만들어내는 것이 민주주의와 진보로 나아가는 과정입니다. 여러분이 함께해주시면 고맙겠습니다.

■ 원문 출처

http://www.idomin.com/news/articleview.html?idxno=327559

노무현 정부 때 나라 빛이 가장 많이 늘었다?

2010.10.4.

오늘자 문화일보에 '참여정부 때 나라 빛이 가장 많이 늘었다'는 기사가 실렸습니다. 문화일보가 왜 흔히 시중에서 말하는 '찌라시'인지를 보여주는 대표적인 기사입니다. 참여정부 흠집내기를 위한 왜곡과 악의가 가득 담긴 기사입니다.

"순수하게 늘어난 국가부채는 참여정부(5년간) 39조 원, MB 정부(2년 반) 92조 5,000억 원."

참여정부 5년간 늘어난 부채 165조 4,000억 원 중 김영삼 정부 때 IMF로 투입된 공적자금 상환을 위한 부채 증가액이 57조 2,000억 원, 환율 안정을 위한 외국환평형기금채권(외평채) 발행액이 69조 2,000억 원으로 전체 부채의 76.4퍼센트를 차지합니다. 이를 제외한 참여정부 5년간의 순수 부채는 39조 원입니다. 특히 외평채는 그만큼의 원화나 외화를 보유하고 있기 때문에 엄밀한 의미에서 국가부채와는 성격이 다릅니다.

현 정부 들어 2010년 현재 늘어난 국가부채는 108조 원입니다. 그러나 공적자금 상환은 참여정부 당시 거의 마무리되었기 때문에 이로 인해 MB 정부에서 증가한 부채는 없습니다. 외평채는 2008년 4조 3,000억 원, 2009년 11조 2,000억 원을 발행하고, 2010년에는 외평채를 발행하지 않았다고 합니다(기획재정부 '2010~2014년 국가채무 관리계획'). 따라서 MB 정부 2년 반 동안 늘어난 순수 국가부채는 92조 5,000억 원입니다.

그마저도 참여정부의 부채 증가는 교육과 복지분야 투자의 증가에 기인한 부분이 많은 반면, MB 정부는 2년 반 동안 부자감세로 인한 세수감소와 4대강 사업을 비롯한 과도한 토목건설 분야 예산 지출로 부채 증가가 많았을 것으로 예상된다는 점에서, 순수 증가 부채의 성격도 확연하게 구분됩니다.

참여정부와 노무현 대통령에 대한 일부 언론의 악의적인 기사는 세월이 흘러도 변함이 없군요. 이런 기사 쓰려면 제발 좀 제대로 취재해서 썼으면 하는 바람입니다.

참여정부와 MB 정부의 국가부채에 대한 분석이 잘 되어 있는 자료
가 실린 인터넷 사이트 주소를 아래에 덧붙입니다.

■ 관련 자료 사이트

http://blog.naver.com/bjkim36/70090060659

■ 인용된 기사 원문

http://www.munhwa.com/news/view.html?no=20101004010701240330020

[경호처의 꼼수]
봉하마을 경호시설이 350평에서 541평으로 둔갑한 이유

2011.10.11.

이명박 대통령이 퇴임 후 살게 될 집을 서울시 남쪽에 있는 내곡동에 준비하고 있다고 합니다. 그 집의 경호를 위해 대통령실 경호처가 648평의 땅을 매입했다는 사실이 알려져 규모가 너무 큰 거 아니냐며 세인의 입방아에 오르내리고 있습니다. 경호처는 이 땅이 결코 넓지 않다면서 봉하마을 경호시설을 근거로 들고 있습니다.

봉하는 2008년 퇴임 당시 경호실에서 350평의 땅을 매입해 경호시설을 지었습니다. 서울에 있는 다른 전직 대통령에 비하면 넓습니다. 서울에 있는 다른 전직 대통령의 경호관들은 경호 근무를 위한 사무실과 대기실, 당직실 등의 시설만 있으면 되고, 나머지 체력단련 시설이나 교육시설 등은 청와대에 있는 경호시설을 이용하면 됩니다. 그러나 봉하는 그것이 불가능하므로 경호시설에 불가피하게 체력단련 시설이나 교육시설, 회의실 등 부대시설이 포함된 것입니다.

이명박 대통령이 서울을 떠나 지방에 살겠다고 하면 아마 봉하와 비슷한 규모가 필요하겠지만, 내곡동에 지으면서 체력단련 시설 같은 걸 굳이 지어야 할 이유가 있을까요? 서울에 있는 다른 전직 대통령 경호시설에는 없었던 일인데…. 퇴임 후 아예 지방에, 예를 들면 고향인 포항에 사저를 짓는다면 그런 시설이 당연히 필요할 것입니다. 하지만 서울시내에서, 그것도 경호관들이 청와대 시설을 충분히 이용 가능한 거리에 있는 곳에 불필요한 경호시설을 넣기 위해 굳이 비싼 땅을 매입하여 예산을 낭비하는 이유를 저로서는 이해하기 어렵습니다. 다른 이유가 있는 것일까요?

그건 그렇다 치고 더 큰 문제는 경호처가 해명 과정에서 봉하마을의 경호시설 부지 면적을 541평이라고 밝힌 것입니다. 그러나 봉하마을에 경호처가 소유한 부지는 350평밖에 없습니다. 하도 이상해서 봉하에 있는 경호팀을 통해 경호처에 확인해보니 해명이 가관입니다. 봉하의 경호관들은 근무를 마치고 퇴근하면, 봉하마을에서 차량으로 10여 분 거리에 있는 진영읍내의 아파트로 갑니다. 30평형대 아파트가 여섯 채 있지요. 이 아파트들을 포함해서 541평이라는 얘기입니다. 그렇게 해서 350평이 541평으로 둔갑했습니다. 서울에서 근무하는 경호관들은 대부분 청와대 옆에 있는 경호처 관사에서 출퇴근합니다. 그럼 다른 전직 대통령 경호시설 면적에 그 관

매년 1월 1일에는 봉하마을 대통령 사저에서 신년하례식을 한다. 2012년 신년하례식 후 권양숙 여사, 문재인 이사장과 함께 찍은 사진. 뒤로 보이는 건물이 대통령 사저다. 대통령 퇴임 당시 '아방궁'이라고 비난의 목소리를 높였던 정치인 중에 책임 있게 사과한 사람은 아직 없다.

사도 포함시켜야 되는 것 아닌가요?

내곡동 648평이 너무 커서 부담스러우니 어떻게든 비슷하게 만들어보려고 한 경호처의 애처로운 노력이 눈물겹습니다. 그래도 이건 아니지요. 눈 가리고 아웅이고, 손바닥으로 하늘 가리기입니다. 그냥 솔직하게 해명하고 맞을 일이면 한 대 맞고 넘어가면 될 텐데 어째 매번 이런 식으로 하는지 참 이해하기 어려운 정부입니다.

세제개편에 대한 단상
—번지수 잘못 짚었다
2013.8.13.

현 정부의 세제개편이 많은 국민의 원성을 사고 있습니다. 정부가 하는 일은 무엇보다 '공평'과 '균형'이 중요함을 다시 한 번 느낍니다. 국민의 눈높이에서 정책을 바라보는 시각 없이는 해결되기 어려운 문제이기도 합니다.

기본적으로 우리나라의 재정 형편을 놓고 보면 증세는 불가피합니다. OECD 국가 중에서 GDP 대비 국가예산이 차지하는 비율은 거의 꼴찌 수준입니다. 우리보다 낮은 나라는 멕시코 정도에 불과한 실정입니다. 거기다 예산 대비 복지예산 비중 또한 마찬가지입니다. 그런 점에서 경제성장과 복지의 선순환 구조를 만들기 위해서는 정부의 재정 규모를 확대해야 하고 이를 위해서 증세는 불가피합니다.

그러나 문제는 세금을 누구에게, 어디에서 더 걷을 것인가 하는 점입니다. 지난 대선 공약에 답이 나와 있습니다.

증세는 하되 중산층과 서민의 세 부담을 늘려서는 안 된다는 것입니다. MB 정부 시절 실시된 부자감세를 철회해야 합니다. 그리고 고소득자와 자본소득에 대한 과세를 강화하는 방식으로 증세가 이루어져야 합니다.

중산층과 서민의 주머니는 오히려 늘어나야 합니다. 연봉 10억 원을 받는 고소득자에게 월 100만 원의 추가 수입이 생겨 봐야 소비로 연결되지 않습니다. 그러나 연봉 3,000만 원의 근로소득자에게 월 100만 원의 추가 수입이 생긴다면, 그동안 못 샀던 가구도 사고, 가족과 외식도 한번 하고, 돈 때문에 못 보냈던 음악학원에 아이들을 보내지 않겠습니까?

성장과 복지의 선순환을 위해서는 중산층과 서민의 주머니를 불려야 합니다. 이를 위해 부자감세를 철회하고 고소득자와 자본소득에 대한 과세를 통해 필요한 재원을 확보해야 합니다.

현 정부의 세제개편은 그런 점에서 번지수를 잘못 짚었습니다. 종합적인 정부 재정대책을 세우면서, 그 속에서 중산층과 서민의 주머니를 어떻게 하면 두둑하게 만들어줄 것인지를 고민해야 하는데, 거꾸로 유리지갑이라 손쉽게 빼갈 수 있는 근로소득자의 주머니를 노린 겁니다.

단지 세부담 증가 기준을 기존 3,450만 원에서 5,000만 원으로 올린다고 해결될 문제일까요? 근로소득자들의 처지와 심정을 몰라도 너무 모르는 이야기입니다. "내 주머니에서 세금 나가는 거 꼭 필요하다면 낼 수도 있다. 그러나 정부가 소위 1퍼센트의 부자들, 대기업들에는 꼼짝 못하면서 힘없는 서민인 내 주머니만 노리니까 열받는 거다." 지금 세제개편을 바라보는 국민들의 심정이 이런 거 아닐까요?

공평하고 균형 잡힌 정책과 행정…, 그것은 국민들의 눈높이에서부터 시작됩니다.

"국민이 대통령입니다."

[검찰 조사를 앞두고]
"거짓이 진실을 이길 수는 없습니다"
2013.10.15.

1

이번 정상회담 대화록에 대한 검찰 수사의 쟁점은 두 가지입니다. 하나는 대화록 초본이 '대통령기록물이냐 아니냐' 하는 것입니다. 또 하나는 대화록 최종본이 왜 기록관에 이관되지 않았는가 하는 점입니다.

첫 번째 쟁점은 간명합니다. 검찰은 무슨 이유에선지 대화록 초본을 어떻게든 대통령기록물로 만들고 싶어 하는 것 같습니다. 검찰의 시도가 성공하려면, 이명박 정부 청와대에서 작성한 회의록 초본도 모두 대통령기록물로 이관되어 있어야 합니다. 지금 박근혜 정부 청와대에서도 회의 녹취록 초본을 기록물로 남기는지 검찰은 그것부터 먼저 확인해보아야 합니다. 녹취록은 마지막 최종본만 기

252

록물로 남기고 초본을 비롯해 작성 과정에서 만든 미완성 녹취록은 당연히 폐기해야 한다는 기록 관리의 원칙을 검찰이 왜 애써 외면하는지 이해할 수 없습니다. 검찰도 중간발표에서는 '초안'이라고 했다가 이제 와서 원본이니, 1차 완성본이니 하며 말을 바꾸고 있습니다. 그러다 보니 검찰이 청와대 눈치를 보는 것 아니냐, 나아가 '문재인 죽이기'를 위한 표적수사 아니냐는 세간의 비판을 스스로 자초하고 있다는 얘기가 나오는 것 아니겠습니까.

대화록 초본이 기록물인지 아닌지 판단하는 가장 빠른 방법은 초본과 최종본을 비교해보는 것입니다. 어떤 부분이 수정되었는지 확인해보면, 초본을 굳이 기록물로 남기지 않은 이유를 금방 알 수 있을 것입니다.

두 번째 쟁점, 최종본이 왜 이관되지 않았는가는 하루속히 밝혀져야 할 부분입니다. 국민도 궁금해하고 있습니다. 중간 결과 발표 이후 2주일 가까이 지났지만 검찰이 이 부분을 어떻게 확인하고 있는지 알 길이 없습니다. 검찰이 찾았다는 최종본이 이지원에서 어떤 프로세스로 보고되고 처리되었는지 확인만 하면 이관되지 않은 이유를 금방 찾을 수 있을 것입니다. 그럼에도 아직까지 검찰이 최종본을 신주단지 모시듯 꽁꽁 숨겨놓기만 하고, 수사에 협조한 참여정부 관계자들에게는 왜 보여주지도 않는지 그 이유가 의아할 따름입니다. 검찰에게 과연 진실규명의 의지가 있는지조차 의심스럽습니다.

최종본이 이관되지 않은 이유는 하루속히 국민에게 밝혀드려야 합니다. 검찰이 정말 진실규명의 의지가 있다면 지금이라도 참여정부 관계자들과 함께 최종본을 놓고 왜 이관되지 않았는지 바로 확인 작업에 들어가야 할 것입니다. 검찰조사는 '정쟁'이 아니라 '진실'을 위한 것이어야 합니다.

2

봉하마을로 내려간 뒤 2008년에 이어 오늘로 두 번째 검찰조사를 받습니다. 두 번 모두 기록물 때문입니다. 개인적인 문제를 떠나 대통령의 기록이 이렇게 두 번씩이나 검찰 수사의 대상이 되는 것 자체가 국가적인 불행입니다.

노무현 대통령은 기록대통령이 되고 싶어 했습니다. 그래서 무려 800만 건이나 되는 기록을 꼼꼼히 챙겨서 다음 정부에 넘겼습니다.

그렇게 남긴 기록 때문에 대통령 당신이 퇴임 후에도, 또 서거하신 뒤에도 이렇게 고초를 겪고 있습니다.

대통령기록물이 이렇게 정치공세의 도구로 악용되면, 앞으로 누가 기록물을 제대로 남기려 하겠습니까? 대통령기록물은 지정기록제도로 보호받을 수 있다고 얘기한들 누가 믿겠습니까? 어렵게 만들어놓은 기록물 제도와 문화를 이렇게까지 망가뜨려놓은 그 책임은 누가 질 것입니까?

국익은 나 몰라라 하고 눈앞의 선거 승리를 위해, 정치적으로 궁지에 몰린 현실에서 빠져나가기 위해, 전직 대통령의 기록물을 불법으로 유출하고 정치공작의 도구로 사용하는 것은, 민주주의의 근간을 흔드는 반역사적인 행태입니다. 절제하지 못하는 권력은 시민이 나서서 바로잡아야 합니다.

3

새누리당이 NLL 포기 논란을 일으킨 지 1년을 넘어서고 있습니다. NLL 포기는 없었다는 것이 현 정부 청와대 안보책임자의 증언에서도, 국방부의 자료에서도 속속들이 확인되고 있습니다. 그럼에도 거짓으로 노무현 대통령을 모욕했던 이들은 자신들의 주장을 앵무새처럼 되풀이하고 있습니다. 누구 한 사람 나서서 사과하는 이도 없습니다. 권력이 도대체 뭐기에 고인이 된 대통령을 이렇게까지 욕보여야 하는 건지, 저로서는 도저히 이해가 되지 않습니다.

국정을 책임졌으면 정책의 성과로 국민의 지지를 얻어야 하지 않겠습니까. 거짓 주장으로 고인이 되신 대통령을 공격해 국민을 호도하는 정치, 이젠 그만둘 때도 되지 않았습니까? 거짓이 진실을 이길 수는 없습니다.

대통령님께서 편안히 쉴 수 있도록 이젠 그만 놓아 주십시오.
간곡히 호소 드립니다.

– 노무현 대통령 마지막 비서관 김경수

3장

그 길이
내 앞에 운명처럼
파여 있는 길이라면

김해시민들께 드리는 글

2018.4.6.

사랑하는 김해시민 여러분,

김경수입니다.

피할 수만 있으면 피하고 싶었습니다.

그러나 피하려야 피할 수 없는 길이었습니다.

결국, 험한 길 다시 나서기로 했습니다.

꼭 10년 전 이맘때, 대통령님을 모시고 처음 김해로 왔습니다. 김해 김씨라는 것 외에는 아무런 인연이 없던 낯선 땅에서 10년의 세월을 보냈습니다.

경남 고성에서 나고 진주에서 초중고를 졸업한 뒤, 서울로 나갔다가 20여 년 만에 다시 들어온 곳이 김해였습니다. 김해는 그렇게 제게 또 하나의 고향이 되었습니다.

애초 제 인생 계획에 없었던 선거 출마도 대통령님의 고향 김해를 지켜야 한다는 생각에서였습니다. 두 번의 낙선은 고통스러웠지만 그만큼 단단해지기도 했습니다. 김해 시민들께서는 그렇게 저를 키워주시고, 결국 지난 총선에서 민주당 전국 최고 득표율로 당선시켜주셨습니다. 김해 시민의 심부름꾼으로 보낸 지난 2년, 바쁘고 힘든 만큼 보람도 많았습니다.

그런 김해를 넘어,
이제 더 큰 김해를 위해,
새로운 길을 나서려 합니다.
애정과 관심으로 저를 키워주신 김해 시민들께 부끄럽지 않은 더 큰 일꾼이 되겠습니다. 김해에 쏟았던 열정을 더 큰 김해, 경남을 위해 바치려 합니다.

그러나 그 어떤 명분에도 국회의원을 중도에 그만두는 것은 면목 없는 일입니다. 다가오는 주말 김해 시민들을 직접 만나 다시 한 번 송구한 마음을 전하려 합니다. 가감 없는 시민들의 이야기를 듣겠습니다. 채찍질이든 격려든 그 어떤 것도 달게 받겠습니다.

사랑하는 김해 시민들이 있는 곳,

그곳에서 다시 시작하겠습니다.

감사합니다.

경남도지사 취임사

2018.7.2.

안녕하세요, 도민여러분!

경남도지사로 일하게 된 김경수입니다.

존경하는 경남도민 여러분,

반갑습니다. 그리고 고맙습니다.

저를 믿어주시고, 늘 함께해주셔서 고맙습니다.

분에 넘치는 과분한 지지와 성원을 받았습니다.

결코 잊지 않겠습니다.

경남도지사 취임 첫날이었던 어제는 하루 종일 태풍 '쁘라삐룬' 대책과 함께했습니다. 태풍이 진로를 경남 쪽으로 트는 바람에 오늘로 예정되었던 취임식도 부득이하게 취소했습니다. 우리 도민의 생명과 안전보다 더 중요한 것은 없기 때문입니다.

그래서 이렇게 영상으로 여러분을 찾아뵙게 되었습니다. 취임식을 준비하시느라 고생하셨던 분들, 취임식 참가를 손꼽아 기다렸던 분들에게 너그러운 양해를 부탁드립니다.

위험을 보는 것이 안전의 시작입니다.

제일 큰 재난은 태풍이 아니라 도민의 불안한 마음입니다. 우리 도민들이 불안하지 않도록 철저하게 대응하겠습니다.

사랑하는 도민 여러분,

이제 모든 준비가 끝났습니다.

지난 해 2017년 4월9일 11시57분,

강제로 멈추었던 경남도정 업무를 1년을 훌쩍 넘겨 449일 만에 정상화합니다.

도민 여러분!

새로운 경남, 이제 출발합니다.

앞에서 끌고 뒤에서 밀고 우리는 이제 하나의 원팀, 새로운 경남으로 가는 미래팀이 되었습니다. 멈춘 시계를 다시 가게 하고, 새로운 시간, 새로운 역사를 함께 써나갈 것입니다.

저는 오늘 약속드립니다. 경남에 사는 여러분과 함께 일하고 함께 생활하며 함께 전진할 것입니다. 여러분이 어렵고 고단할 때 제가 그 곁에 있겠습니다. 힘들고 지칠 때 제가 여러분을 지키겠습니다.

저는 경남도민을 믿고 경남도민에게 답합니다.
"두렵게 시작하자, 책임을 회피하지 말자, 도전을 멈추지 말자."

오늘 저는 경남에 사는 것, 경남에 산다는 것을 다시 생각합니다. '새로운 경남'이라는 약속이 단지 구호나 요란한 치장만으로 남는 일은 없도록 할 것입니다. 새로운 경남은 경남에 사는 한 사람 한 사람의 삶을 배려하고 존중하는 것을 의미합니다. 그것이 새로운 시작입니다. 그렇습니다. 새로운 경남을 만나면 내 삶이 행복해지게 만들겠습니다.

물론 경남도민들의 삶, 아직도 어렵고 고단합니다. 경남 경제도 여전히 힘들고 어둡습니다. 그래서 저의 소명은 더 절박하고 더 간절합니다.
어렵다고 좌절하거나 물러서지 않겠습니다. 도민의 말씀을 듣고 또 듣겠습니다. 묻고 또 묻겠습니다. 기업인과 노동자, 시민사회와 각 분야의 도민들을 만나고 또 만나겠습니다. 장관을 설득하고, 국회를 설득하고, 청와대를 설득하고, 설득하고 또 설득하겠습니다. 불통의 벽은 무너지고 독선의 성은 붕괴될 것입니다. 위기는 지워질 것이고, 공백은 채워질 것입니다.

새로운 경남은 우리가 믿는 미래입니다. 모두가 함께 꿈을 꾸면 그 꿈은 현실이 됩니다. 우리가 함께 믿고 가야 이루어질 수 있는 미래입니다.

경남 도정의 첫 번째 과정과 마지막 결과는 도민이 원하는 것을 발견하고 도민이 필요한 것을 해결하는 것이 될 것입니다.

'실용과 변화'는 새로운 경남을 만들 것입니다.
'참여와 소통'은 새로운 경남을 키울 것입니다.

도민을 위한 실용과 변화, 도민에 의한 참여와 소통은 미사여구가 아니라 도지사의 확고한 실천 지침이며 경남 도정을 관통하는 운영 원리가 될 것입니다.

작은 결정을 하기 전에도 한 번 더 생각할 것입니다. 도민들이 그 어떤 권력보다 뛰어나고 정치보다 현명하며 행정보다 위대하다는 것을!

이번 지방선거를 통해 경남도민이 어떤 분들인지 전 국민들에게 확실하고 분명하게 보여주셨습니다.

우리가 함께 그리는 미래의 그림은 이렇습니다.
새로운 경남에 산다는 것, 내가 도정의 주인이 된다는 것, 사람이 중심인 따뜻한 경남을 만드는 것, 그래서 경남이 다시 대한민국의 중심이 된다는 것.

쉽지 않을 것입니다. 복잡한 과정이 우리를 기다릴 것입니다. 훼방 놓고 방해하는 과거의 힘도 우리를 괴롭힐 것입니다. 그러나 결코 되돌릴 수 없습니다.

편을 갈라 싸우는 어리석은 도지사는 되지 않겠습니다. 태어나고 자란 고성, 공부하며 성장한 진주, 다시 돌아와 살고 있는 김해를 넘어 경남 도내 18개 시 군 모두의 친구가 되겠습니다. 진보와 보수, 서부와 동부, 도시와 농촌, 내륙과 바다를 넘어 경남도민 모두의 도지사가 되겠습니다.
선거과정에서 저를 지지한 분이든, 지지하지 않은 분이든 모두가 경남도민입니다. 도민 모두를 위해 일하는 도지사가 되겠습니다.

도민 여러분,

자, 이제 시작할까요?

멈춘 시간을 일으켜 세워 새로운 터전을 만드는 거대한 변화의 여정 말입니다.

한 사람, 한 순간, 한 생각도 가볍게 판단하지 않겠습니다.

2018년 7월 2일 오늘이 있기까지 얼마나 어렵고 힘들게 왔는지 항상 기억하겠습니다.

우리가 겪어왔고 또 지금도 겪고 있는 이 어려움과 고통을 우리 아이들에게 이대로 물려줄 순 없습니다. 상식과 원칙을 지키면서 정직하고 성실하게 일하는 착한 사람들이 성공할 수 있는 세상, 하루에 8시간 열심히 일하면 풍족하지는 않아도 먹고, 입고, 자고, 아이들 낳아 키우는 데는 부족하지는 않은, 그런 세상 한번 만들어봐야 되지 않겠습니까.

우리 아이들에게 물려줄 새로운 경남, 여러분과 반드시 함께 만들어 가겠습니다.

사랑하는 경남도민 여러분,

오늘부터 새로운 경남이 시작됩니다.

저와 함께

새로운 미래로 가시지 않겠습니까?

고맙습니다.

2018년 7월 2일

제37대 경남도지사 김경수

서부경남KTX 조기착공이 가능해졌습니다!

2019.1.29.

오늘 국무회의에서 남부내륙고속철도(서부경남KTX) 건설 사업이 예비타당성조사 면제 대상으로 최종 확정되었습니다.

경남도민 50년 숙원사업이 마침내 결실을 보게 되었습니다. 국가 균형발전을 위해 결단을 내려주신 문재인 대통령님과 정부에 감사드립니다.

이번에 정부에서 발표한 예타면제 사업들은 국가균형발전 뉴딜사업입니다. 경남을 포함한 국가경제 전체를 발전시키는 새로운 동력이 될 것입니다.

예타 면제가 결정되기까지 함께 힘을 모아주신 도민 여러분께 마음 깊이 감사드립니다.

남부내륙고속철도(서부경남KTX)는 거제와 창원에서 출발해 긴천을 거쳐 서울로 이어집니다.

서부경남KTX는 서부경남뿐만 아니라 동부경남지역 모두가 포함되는 경남의 균형발전 사업이 될 것입니다. 나아가 한반도평화시대, 남과 북을 잇고 유라시아 대륙과 해양을 관통하는 철도가 될 것입니다.

이제 수도권과 남해안은 두 시간대로 연결됩니다. 접근성은 물론 다양한 산업적 편의도 제공하게 될 것입니다.

그동안 조선과 자동차 등 제조업 경기 불황으로 어려움을 겪었던 상황에서 8만 개의 일자리와 10조 원의 생산 유발효과를 지닌 대규모 SOC사업 추진은 우리 지역경제에 활력을 불어넣을 것으로 기대됩니다.

특히 비교적 발전이 더뎠던 서부경남에는 더없이 좋은 기회가 될 것입니다. 서부경남KTX 건설과 함께 문화, 예술, 관광, 레저, 힐링 등 연계산업과 역세권 개발, 연계 교통망 확충 등 경남전체의 그랜드비전, 종합발전계획을 신속히 수립해 도민 여러분께 발표하겠습니다. 앞으로 기본계획 수립, 실시설계를 거쳐 제 임기 내 조기 착공될 수 있도록 고삐를 늦추지 않겠습니다.

이후 과정을 전담할 행정조직이 오늘자로 신설돼 바로 활동을 시작합니다.

오랜 숙원인 서부경남KTX가 조기에 착공될 수 있도록 최선을 다하겠습니다.

그동안 함께 마음을 모아주신 모든 분께 다시 한 번 감사드립니다. 서부경남KTX가 경남경제 재도약의 밑거름이 될 수 있도록 꼭 만들겠습니다. 고맙습니다.

**

저는 지금 노무현 대통령님의 국가균형발전선언 15주년 기념행사에 참석하기 위해 세종시에 와 있습니다. 이곳에서 균형발전의 상징이 될 서부경남KTX 추진 확정이 결정된 순간을 맞이하니, 제 개인적으로도 여러모로 감회가 새롭습니다.

경제성 있는 지역에 혜택이 집중되는 현재의 예비타당성조사 제도도 국가균형발전 같은 사회적 가치가 함께 평가받을 수 있게 개선해야 합니다. 다행히 정부에서 균형발전 가치가 충분히 반영될 수 있도록 제도개선을 추진 중이라고 하니 다행입니다. ^^

내가 가지 않을 수 있는 길은 없었다
2019.2.2.

가지 않을 수 없던 길
― 도종환

가지 않을 수 있는 고난의 길은 없었다

몇몇 길은 거쳐오지 않았어야 했고

또 어떤 길은 정말 발 디디고 싶지 않았지만

돌이켜보면 그 모든 길을 지나 지금 여기까지 온 것이다

한번쯤은 꼭 다시 걸어보고픈 길도 있고

아직도 해거름마다 따라와

나를 붙잡고 놓아주지 않는 길도 있다

그 길 때문에 눈시울 젖을 때 많으면서도

내가 걷는 이 길 나서는 새벽이면 남 모르게 외롭고

돌아오는 길마다 말하지 않은 쓸쓸한 그늘 짙게 있지만

내가 가지 않을 수 있는 길은 없었다

그 어떤 쓰라린 길도

내게 물어오지 않고 같이 온 길은 없었다

그 길이 내 앞에 운명처럼 파여 있는 길이라면

더욱 가슴 아리고

그것이 내 발길이 데려온 것이라면

발등을 찍고 싶을 때 있지만

내 앞에 있던 모든 길들이

나를 지나 지금 내 속에서 나를 이루고 있는 것이다

오늘 아침엔 안개 무더기로 내려 길을 뭉텅 자르더니

저녁엔 헤쳐온 길 가득 나를 혼자 버려둔다

오늘 또 가지 않을 수 없던 길

오늘 또 가지 않을 수 없던 길

**

설 전에 마지막 면회를 다녀왔습니다. "당신이 이 시를 꼭 읽었으면 좋겠어"라고 해서 찾아 읽어봤습니다.

그동안 우리가 걸어온 길에 대해 함께 얘기했던 것들이 이 시에 다 담겨 있네요. 그래서 여기에 올려봅니다.

다들 너무 걱정 마세요. 남편은 잘 지내고 있습니다.

－ 배우자 김정순

"있는 그대로의 진실을 밝힐 수 있는 과정이 되기를 간절히 염원합니다"

2021.7.20.

존경하는 대법관님!

대법원 상고심은 따로 재판이 열리지 않고, 법리 논쟁을 위한 변호인 의견서 외에는 제 입장을 전해 드릴 길이 없어 이렇게 '최후 진술문'이라는 형식으로 글을 올립니다. 최종 판결이 며칠 남지 않았지만, 지난 1심과 2심에 대한 소회와 저의 억울한 심경을 담아 담담히 적어보려 합니다.

이번 사건 발생 초기부터 지금까지 저는 일관되게 특검과 법원에 '사건의 진실을 밝혀 달라'고 간곡하게 요청했습니다. 특검 도입을 먼저 요청한 것도 저였습니다. 특검법상 저와 정치적 입장이 다른 '야당 추천' 특검이 선임될 수밖에 없었지만, 진실을 밝힐 수만 있다면 상관없다고 생각했습니다. 특검이 수사 과정에서 필요하다고 요청한 것은 어떠한 요구든 모두 수용했습니다. 경남도의 도정 수행과 함께 준비해야 하는 어려움이 있었지만, 1심과 2심 그리고 상고심 재판 과정에도 법적 절차에 최대한 성실하게 임했습니다.

진실을 있는 그대로 밝히는 것이 저에게 그만큼 절실했기 때문입니다. 그 절실함은 지금도 마찬가지입니다.

이번 사건의 핵심은 김동원과 제가 사전에 미리 킹크랩 범죄를 공모했느냐 아니냐 하는 것입니다. 1심과 2심, 두 번의 재판을 통해 드러난 사실들을 살펴보면, 범행을 공모한 관계라면 상식적으로 이해할 수 없는 정황이 차고도 넘칩니다.

특검은 2016년 11월 9일, 제가 경공모 사무실을 두 번째 방문했을 때 킹크랩 범행을 김동원 측과 공모했다고 주장하고 있습니다. 그해 6월 말 국회 의원회관 제 사무실을 지인의 소개로 찾아온 김동원을 처음 만났습니다. 이후 단 두 번 만나서 함께 킹크랩 범행을 공모했다는 것이 특검의 주장입니다.

많은 정치인들이 크고 작은 온라인 모임들과 관계를 맺고 있습니다. 하지만 처음 두세 번 만난 온라인 모임과 바로 범행을 공모하는 관계가 될 수 있다는 것이 상식에 부합하는지 의문입니다. 정치인이 아닌 일반인도 마찬가지일 것입니다. 더구나 정말 선거를 염두에 두고 범행을 공모하겠다고 마음을 먹었다면, 그 온라인 모임에

276

대해 자세히 알아보고, 대표라는 사람에 대해서도 주변을 수소문해 믿을 수 있는 사람인지 확인해보는 것이 상식 아닐까요?

그러나 특검 조사 결과 그 어디에도 제가 김동원과 경공모에 대해 주변에 물어보거나 사전에 조사했다는 얘기는 일절 없습니다. 그냥 만나자마자 '묻지 마 공모 관계'가 되었다는 특검의 주장을 저로서는 도저히 이해할 수가 없습니다.

노무현 대통령을 마지막까지 가까이서 모셨던 인연으로 '노무현 대통령 마지막 비서관'으로 불렸던 저로서는, 제 잘못 때문에 대통령님께 누를 끼치는 것을 늘 경계하면서 살아왔습니다. 더구나 2012년 대선 당시 국정원의 불법 댓글 사건으로 인해 온 나라가 시끄러웠고, 국가적으로 큰 문제가 되었던 것을 누구보다 잘 알고 있는 사람입니다.

게다가 당시 가장 유력한 대선 예비 주자였던 문재인 민주당 전 대표의 공보 특보를 맡고 있던 사람이, 겨우 두세 번 만난 사람들과 불법적인 범행을 공모한다는 것이 과연 있을 수 있는 일인지 특검에 되물어보고 싶은 심정입니다.

만약 실제로 당시 김동원 측이 킹크랩을 통한 댓글 순위 조작을 해보자며 제안을 했다면, 그날로 그들과의 관계는 끝났을 것입니다. 아니 백 번 양보해 그들의 제안에 조금이라도 솔깃해 했다면, 최소한 그들이 믿을 수 있는 사람들인지 다양한 방법으로 확인을 했어야 정상이 아닐까요? 그런 과정 하나도 없이 그냥 믿고 범행을 공모했다는 것은 누가 봐도 이상하지 않습니까? 그렇게 제대로 알아보고 김동원과 경공모의 실체를 알게 되었다면 오히려 이번 사건은 아예 생기지 않았을 가능성이 훨씬 높았을 겁니다.

특검 주장대로라면 두세 번의 만남으로 범행을 공모한 이후에도 이해할 수 없는 관계가 계속 이어집니다. 2016년 11월 9일, 경공모 사무실까지 찾아가 범행을 공모한 사이가 되었는데, 그 이후에는 김동원이 매번 국회 의원회관으로 찾아와 저를 만났습니다. 국회 의원회관을 방문하는 사람은 직원이 아니면 누구나 신분증을 가지고 와 해당 의원실에 면회 신청을 해야만 출입이 가능합니다. 출입 기록이 꼬박꼬박 남는 곳이라는 얘기입니다. 범행을 공모한 사이라면서 출입 기록이 계속 남는 의원회관에서 계속 만나는 것과 국회 밖이나 경공모 사무실에서 계속 만나는 것 중에 어느 것이 더 상식에 부합하겠습니까?

김동원과의 관계를 공모 관계로 보기 어려운 사례는 이외에도 수없이 많습니다. 김동원과 경공모 회원들은 자기들끼리 저를 '바둑이'라는 호칭으로 불렀다고 합니다. 킹크랩 시연을 보여주면서 허락을 맡아야 했던 정치인을 '바둑이'라는 모욕적인 별칭으로 부르는 사이가 정상적인 공모 관계라고 할 수 있을까요? 저로서는 도저히 상상할 수 없는 일입니다.

범행을 공모한 사이인데도 불구하고, 제가 김동원 측이 요구한 사항들을 제대로 들어준 것이 거의 없습니다. 김동원의 인사 추천도 결국 무산되었고, 김동원이 요구한 문재인 후보와 만남은커녕 전화 통화조차 이루어지지 않았습니다. 대선 이후에는 경공모 회원들을 청와대로 초청해 달라는 요청에도, 다른 온라인 모임이나 지지자들에게 했던 것처럼 청와대 홈페이지를 통한 통상적인 절차만 똑같이 안내했을 뿐입니다. 범행을 함께 공모한 사람과 이런 식의 관계를 유지하는 것이 상식적으로 가능한 일일까요?

더 극적인 것은 김동원이 인사 추천 무산 이후 저와 관계가 나빠지자, 김동원 측이 저를 압박하겠다며 들고 나온 '초강수' 카드가 '킹크랩'이 아니라, '보좌관의 500만 원 수수 건'이었다는 것입니다. 김동원은 당시 인사 추천이 받아들여지지 않자 경공모 핵심 회원들에게 '초강수'로 김경수를 압박하겠다고 한 뒤, 보좌관의 500만 원 수수 관련 자료를 제게 보내왔습니다. 해당 보좌관에게 사실 확인 후 바로 사표를 내게 했습니다.

하지만 그보다 더 중요한 것은 서로 범행을 공모했고, 대선 과정에서 이를 실행했다는 김동원이 저를 압박하는 '초강수'가 왜 '킹크랩'

이 아니냐는 것입니다. 누가 보더라도 이런 상황이라면 킹크랩을 거론하면서 상대를 협박해야 정상적인 상황이 아닐까요? 김동원은 당시 왜 저에게 킹크랩을 직접 거론하지 않았을까요?

특검 조사 결과를 보면, 김동원은 시연이 있었다고 주장하는 11월 9일 외에는 단 한 차례도 저에게 '킹크랩'을 직접 얘기한 적이 없었다고 합니다. 관계가 악화되어 압박을 해야 되는 상황에서조차 거론하지 않았습니다. 그렇다면 시연이 있었던 것이 아니라, 애초부터 킹크랩의 존재 자체를 오히려 저에게 숨겼다고 보는 것이 상식 아닐까요?

김동원은 2016년 9월, 회원들과의 간담회를 위해 요청받아 경공모 사무실을 처음 방문한 저에게, 문재인 전 대표가 제안했던 온라인상의 문화를 바꾸기 위한 선플운동에 적극 동참하겠다고 했습니다. 그러면서 경공모 회원들의 숫자를 활동력이 있는 회원은 2,000여 명, 그 이외 온라인 회원을 모두 합하면 4,000여 명에 이른다고 자랑한 바 있습니다.

지금 와서 보면 김동원은 자미두수, 송하비결 등 사주를 활용한 예언과 일본 열도 침몰설을 이용한 두루미마을이라는 경제공동체 건설이라는 허황된 꿈을 경공모 회원들에게 약속한 상태였습니다. 그래서 저와 같은 정치인들과의 관계를 통해 경공모 회원들의 조직력과 세를 과시해 신뢰를 얻고, 경공모 내에서 자신의 입지를 다지는 도구로 활용할 필요가 있었던 것으로 보입니다.

그래서 저에게는 늘 온라인상에서 직접 활동하는 경공모 회원들이 많고 또 온라인에서 활동하느라 고생하고 있다는 것을 오히려 강조할 수밖에 없었겠지요. 그러나 막상 회원들을 통한 선플운동이 그렇게 쉽지 않다는 것을 알게 되자 그런 상황을 모면하기 위해 킹크랩이라는 기계적 수단에 눈을 돌렸던 것 아닐까요? 그렇다면 김동원은 저에게 '시연'은커녕 오히려 킹크랩의 존재를 숨기고 회원들의 자발적 활동으로 포장하는 것이 더 자연스럽지 않을까요?

김동원은 '공모'나 '시연' 관련 진술이 자신이 없었는지, "김경수로부터 100만 원을 받았다"는 허위 진술까지 꾸며냈습니다. 김동원의 구치소 옥중 노트에 적힌 '시연' 관련 허위 진술 기획의 마지막은, 시연이 끝난 뒤 제가 흰 봉투에 든 100만 원을 김동원 측에 건네는 것으로 되어 있었습니다.

킹크랩 범행을 공모한 사이라면 당연히 범행을 실행해달라며 돈을 건네는 것이 자연스럽겠지요. 대부분의 선거 사범을 보면 정치인이 불법 선거운동의 대가로 돈을 건네는 경우가 태반이기 때문입니다. 그러나 김동원의 '100만 원' 진술은 명백한 허위였음이 밝혀졌습니다. 공모나 시연 관련 정황이 오죽 궁색했으면 '100만 원 수수'

를 끼워 넣어 신빙성을 높여보려 했을까요?

김동원은 제게 시연을 보여준 후, '동의한다면 고개라도 끄덕여 달라'고 요청했고, 제가 고개를 끄덕임으로써 공모에 합의했다는 것이 특검의 주장이었습니다. 생전 처음 보는 킹크랩 시제품의 시연을 보여주면서 말 한마디 나누지 않고, 고개만 끄덕여 공모에 합의했다는 겁니다. 상식과 맞지 않는 믿기 어려운 주장이지만, 항소심에서는 이마저도 사실이 아닌 것으로 드러났습니다. '공모'의 유일한 순간인 '고개 끄덕임'마저 사실이 아닌 것으로 밝혀진 것입니다. 하지만 항소심 판결은 제가 경공모 사무실을 나가면서 회원들과 악수를 하고 나갔으니 공모에 동의한 것이라는 더 황당한 결론을 내리고 있습니다. 갈수록 태산입니다. 정치인이 지지자들과 이야기를 나눈 뒤 헤어지기 전에 통상적으로 나누는 악수가 범죄를 꾸미는 유일한 공모의 순간이라고 하는 추론은, 상식과 너무나 어긋나는 자의적 해석이 아닐 수 없습니다.

2017년 대선 당시 온라인과 SNS 선거운동은 페이스북과 트위터, 인스타그램과 같은 새로운 SNS 프로그램에 후보의 활동이나 홍보 자료를 주로 사진과 같은 이미지나 카드 뉴스 같은 방식으로 올리고, 그걸 주변에 적극 퍼트리는 방식으로 진행되었습니다.

여야를 떠나 어느 대선 캠프에서도 포털 기사의 댓글이 주요한 선거운동의 대상이 된 곳은 하나도 없었습니다. 문재인 캠프도 마찬가지였습니다. 조금이라도 당시 온라인 선거운동을 아는 사람이라면 누구나 아는 사실입니다.

그런데 포털 기사의 댓글 때문에, 처음 만난 사람들과 그것도 단 두세 번 만난 사람들과 불법을 공모한다는 것은, 당시 대선 온라인과 SNS 선거운동을 조금이라도 이해하고 있는 사람들이라면 도저히 이해할 수 없는 상식 밖의 일입니다.

더구나 2017년 대선 당시 문재인 캠프는 정권교체에 대한 국민들의 높은 열망 속에 선거를 치렀고, 캠프 전반이 리스크 관리에 그 어느 선거보다 집중하면서 예민하게 반응했던 선거였습니다. 불법이나 탈법은커녕 작은 언행이나 말실수조차도 극도로 조심하면서 선거를 치렀고, 그런 일이 생기면 신속하게 책임을 묻고 선거운동 일선에서 배제하는 방식으로 선거를 치렀습니다. 한마디로 제대로 알지도 못하는 사람들과 일부러 불법을 공모해가면서 선거를 치러야 할 동기가 전혀 없는 선거였습니다.

위에서 밝힌 사례들만으로도 도대체 공모 관계라는 것이 상식적으로 가능한 것인지 의문입니다. 이런 상황에서 제대로 알지도 못하는 사람들과 만남 초기부터 불법을 공모했다는 항소심 판결은 저로서는 도저히 받아들이기가 어렵습니다. 나아가 당시 대선 상황을 조금이라도 알고 있는 분들이라면 누구나 합리적 의심을 가질 수밖에 없을 것입니다.

존경하는 대법관님,

항소심 판결의 또 다른 결정적 문제는, 특검이 시연이 있었다고 주장하는 날의 시간대와 동선, 당일 로그 기록에 대한 판결이 객관적 사실과 일치하지 않는다는 것입니다.

항소심에서 저는 2016년 11월 9일 당일 해당시간대 수행비서의 구글 지도 타임라인 기록을 재판부에 증거로 제출한 바 있습니다. 구글 타임라인과 특검의 주장을 비교해 보면, 그날 경공모 사무실을 떠나기 전 최소 40분에서 길게는 1시간 가까이 시간 공백이 발생합니다.

당일 저녁식사가 있었는지 여부가 중요한 것도 바로 이 시간 공백 때문이었습니다. 항소심에 증인으로 나온 닭갈비집 사장의 증언에 의하면, 제가 경공모 사무실에 도착하기 직전에 경공모 회원이 식당에 와 닭갈비를 직접 포장 구매해 갔다는 것이 확인되었습니다.

저녁 식사가 있었다면 식사 후 브리핑 1시간, 독대 10분~30분, 독대 후 10분내 출발이라는 특검의 조사 결과와 제가 제출한 구글 타임라인 기록은 정확히 일치하게 됩니다. 그러나 항소심은 이를 받아들이지 않았고, 시간 공백에 대해 끝내 제대로 된 설명도 내놓지 못했습니다.

특검 주장과 항소심의 결과대로라면, 김동원 측은 당일 저녁식사를 저와 함께하기로 미리 약속해둔 상태였습니다. 그랬는데 제가 도착하기 전에 저녁식사용으로 포장해온 닭갈비를 자기들끼리만 먹은 셈이 됩니다. 그리고는 무려 2시간 이상 손님을 굶기면서 간담회를 했다는 얘기가 됩니다.

그렇게 되면 간담회를 마치고 나서 제가 경공모 사무실을 출발하기까지 40분 이상의 시간 공백이 생깁니다. 그 공백에 대해 특검도, 항소심 재판부도 명확하게 해명하지 못했습니다. 그럼에도 불구하고 항소심 재판부는 제가 제출한 구글 타임라인이라는 증거에 입각한 시간대와 동선을 인정하지 않았습니다. 저로서는 도저히 납득하기 어려운 판결이 아닐 수 없습니다.

더 나아가 항소심 재판부는 이해할 수 없는 이유를 들며 '시연'의 존재를 인정하고 유죄로 판결하였습니다. "당시 피고인의 동선을 세분화하여 조사가 이루어진 바 없고, 이미 그로부터 상당한 시간이 경과된 시점에서 참석자들이 당일 일정과 동선 등을 분 단위로 세세하게 기억하기도 어려운 점"을 들어 구글 타임라인이라는 객관적 증거에 기초한 주장은 모두 배척하였습니다.

그러나 '브리핑 1시간' '김동원과 독대 10분~30분 내외' '독대 후 10여 분 내 출발' 등 당시 간담회 참석자들의 진술을 토대로 당일 동선은 세세하게 조사되었고, 김동원과 경공모 관계자 모두 동선과 관련해 '일관된' 진술을 '구체적으로' 했다는 점에서 조사가 미진했다는 항소심 판결은 도저히 이해할 수 없는 결론입니다.

더구나 세세한 동선까지 특검이 입증할 이유가 없다는 항소심 판결은, 동선과 시간대를 포함해 '시연' 여부를 입증해야 할 책임이 있는 특검에게는 면죄부를 주면서, 피고인에게는 합리적 의심을 넘어 명백한 증거를 가지고 입증하라는, 형사법의 원칙을 거꾸로 뒤집는 판결이 아닐 수 없습니다. 이는 합리적 의심이 해소되지 않을 경우 '피고인의 이익으로'라는 무죄추정 원칙마저 저버린 것입니다.

이번 사건에서 가장 중요한 11월 9일 당일의 네이버 접속 로그 기록과 '시연' 여부에 대해 항소심 판결문은 양립할 수 없는 모순된 판단을 내리고 있습니다. 구글 타임라인 기록에 따른 시간대와 동선대로라면, 로그 기록이 나온 시간에는 김동원 측의 주장대로 '시연'을 하는 것은 불가능해집니다.

로그 기록이 나온 시간을 김동원 측이 '시연'을 했다고 주장하는 시간과 억지로 끼워 맞추다 보니, 40분 이상의 시간이 비어버린 것입니다. 그 40분 이상의 시간 공백이 없었다면 저는 꼼짝없이 누명을 쓸 수밖에 없었을 것입니다. 이처럼 중요한 40분 이상의 시간 공백마저도 명확하게 해명하지 않은 채 막무가내로 '시연'을 인정한 항소심 판결을 제가 어떻게 받아들일 수 있겠습니까?

로그 기록 그 자체도 '시연'의 증거가 될 수 없을 뿐만 아니라, 오히려 시연이 없었음을 증명하는 기록임이 재판 과정을 통해 계속해서 밝혀졌습니다. 항소심 판결문에서조차 11월 9일 로그 기록은 개발자들이 애초에 세웠던 계획대로 개발하는 과정이었다고 적시하고 있습니다.

당초 경공모 측의 개발자들이 노트북에 문서로 남겨 놓은 개발 계획에는, 시연을 위한 별도의 프로토타입, 즉 시제품을 만드는 것은 아예 포함되어 있지도 않았습니다. 더군다나 실제 16분간이나 진행된 로그 기록은 2~3분간 시연을 보여주었다는 김동원 측의 당초 주장과도 맞지 않았습니다. 그들이 재판 과정에서 계속해서 진술을 바꿀 수밖에 없었던 이유입니다.

1심과 2심이 '시연용'이라고 의심된다고 한 로그 기록은 김동원 측이 저와 무관하게 자체적으로 킹크랩을 개발하는 과정에서 나온 테스트 기록임을 세세하게 입증한 자료는 이미 의견서로 여러 번 제출한 바 있습니다.

특히 항소심에서는 1심에서 우리가 미처 발견하지 못했던 '강기대 노트북'(킹크랩 개반이 전반적인 기회과 서버 분야 개발을 담당했던 강기대가 사용했던 노트북)이라는 새로운 증거물을 찾아냈습니다. 그 속에서 로그 기록은 시연용이 아니라 자체적인 킹크랩 개발 과정의 일환임을 입증하는 각종 자료가 쏟아져 나오면서 로그 기록의 비밀을 풀 수 있는 열쇠가 되었습니다.

결국 항소심조차 판결문에서 킹크랩 개발은 제가 경공모 사무실을 방문하기 이전부터 세워둔 자체 개발 계획에 따라 진행된 것임을 인정하고 있습니다. 그런데 결론에 이르러서는 시연용 프로토타입 개발로 볼 수 있다고 하면서, 서로 양립할 수 없는 사실을 동시에 인정하는 모순된 결론을 내리고 있습니다. 항소심 판결문 자체가 앞뒤가 모순된, 양립할 수 없는 두 개의 사실을 모두 인정하는 오류를 범하고 있는 것입니다. 더구나 항소심 재판부는 로그 기록을 포함한 전자 기록에 대해 전문가 감정을 통해 객관적 진실을 밝혀보자는 변호인들의 의견도 배척한 바 있습니다.

특히, 개발자인 우경민조차 통상적인 개발 과정의 일환인지, 별도의 시연용 프로토타입 개발 과정인지에 대해 재판 과정에서 진술이 계속 오락가락 했습니다. 그럼에도 항소심은 판단이 어려울 경우는 '개발자'의 진술이 중요하다는 이유로 우경민의 진술에 신빙성을 부여했고, 유죄 판결의 근거로 삼았습니다. 테스트인지 시연인지 판단하기 어렵다는 이유로 항소심 마지막 증언까지 계속해서 바뀌어

온 개발자 우경민의 진술이 유죄의 근거가 되어버린 것입니다. 합리적 의심을 배제할 정도의 엄격한 증명을 요구하는 형사재판에서 용납하기 어려운 판결이 아닐 수 없습니다.

존경하는 대법관님,

저로서는 오랜 시간 동안 조사와 재판을 받아 오면서 도대체 김동원은 왜 저를 공범으로 지목하며 자신의 사건에 끌어들였을까 하는 의문이 생기지 않을 수 없었습니다.

선플활동에 참여하고, 권리당원에 가입하고, 이런 일이야 지난 2017년 대선 당시 온라인 모임들에서는 정도의 차이만 있었지 어디서나 했던 일입니다. 선플활동도 열심히 하고 경선 때 현장에 나와서 정말 열심히 했는데도 불구하고, 본인의 인사 추천이 받아들여지지 않아서 불만을 품고 앙갚음을 한 것으로만 생각하기에는 김동원의 행동이 상식적으로 이해하기 힘들었습니다.

김동원에게는 이번 사건에서 자신의 잘못을 희석시킬 수 있는 희생양이 필요했던 것 같습니다. 자신의 필요에 의해서 킹크랩을 만들어놓고는, 이제 와서 문제가 되니까 누군가에게 뒤집어 씌워서 자신을 피해자로 만드는 것이 목적이 아니었을까 하는 생각이 강하게 들지 않을 수 없습니다. 그래야 자신이 대표를 맡고 있는 경공모 회원들에게, 이번 일은 "김경수가 우리를 이용하고, 버린 것"이라고 강변할 수 있고, 후일 다시 재기할 수 있는 기반을 만들 수 있겠다고 생각한 것 아닐까 하는 의문이 듭니다.

또한 그렇게 저에게 주된 책임을 뒤집어씌우고 자신을 종범으로 만들어야 자신의 재판에도 유리하다고 판단을 했던 것 같습니다. 김동원의 옥중 노트를 포함한 많은 증거들이 이런 의도를 명백하게 보여주고 있습니다. 그런데 왜 특검과 앞선 재판부에서는 여러 증거를 통해서 계속 드러나고 있는 김동원의 의도를 애써 무시하는지 저로서는 참으로 이해할 수 없습니다.

저는 이번 사건을 겪으면서 만일 다시 그때로 돌아간다면 이런 일이 생기지 않도록 할 수 있을까 하고 가끔 제 스스로한테 되물어봅니다. 물론 그때보다 훨씬 조심하고 또 조심하고 그렇게 처신했을 겁니다. 그렇지만 새롭게 만나는 사람들이나 모임을 일일이 사전에 조사해보고 알아보고 그런 식으로 만날 수 있겠습니까?

저는 솔직히 자신이 없습니다. 찾아오는 사람들을 만나야 되고, 또 찾아가서 지지를 호소하는 것이 정치에 뛰어든 이상 저에게 숙명 같은 그런 일입니다. 특히 그동안 두 분 대통령을 가까이서 모셨다는 이유로 두 분을 지지하는 분들께서 수시로 저를 찾아왔고, 저는 성심성의껏 응대했습니다. 또 모임에 초청하면 시간이 되는 한 찾아가서 뵙는 것이 두 분 대통령을 모셨던 저의 기본적인 도리라고 생각하면서 살아왔습니다.

그런 제 노력을 김동원은 자신과 조직의 이해관계를 위해서 악용하고 심지어 불법적인 도구를 이용해서 자신의 이익을 챙기려 했던 것이 드러났습니다. 저는 이것이 이번 사건의 가장 중요한 본질이라고 생각합니다.

존경하는 대법관님,

부디 이번 상고심이 지금까지의 재판을 통해 드러난 사실에 기초해, 있는 그대로의 진실을 밝힐 수 있는 과정이 되기를 간절히 염원합니다. 증거들이 있는 그대로 다루어지고, 그리고 증거가 말하는 대로 항소심 판결이 이루어졌는지 살펴봐 주시기를 간곡히 부탁드립니다.

고맙습니다.

사람이 있었네
개정증보판

김경수 지음

ⓒ김경수, 2021

초판   1쇄   2014년 3월 3일 발행
개정판   1쇄   2019년 3월 4일 발행
개정증보판 1쇄   2021년 8월 4일 발행

ISBN 979-11-5706-240-9 (03300)

만든 사람들
마케팅   김성현 최재희 김규리 맹준혁
경영지원   전선정 김유라
인쇄   한영문화사

펴낸이   김현종
펴낸곳   (주)메디치미디어
등록일   2008년 8월 20일
            제300-2008-76호
주소   서울시 종로구 사직로 9길 22 2층
전화   02-735-3308
팩스   02-735-3309
이메일   medici@medicimedia.co.kr
페이스북   facebook.com/medicimedia
인스타그램 @medicimedia
홈페이지   www.medicimedia.co.kr